高等职业教育会计专业系列教材
"互联网+"教材

U0653219

成本会计实训教程

（第三版）

主　编　谭亚娟　贺美兰　邹炎炎
副主编　涂瑛辉　廖银花　吕武勇

南京大学出版社

内容提要

本书作为《成本会计项目化教程》的配套用书,主要用于培养学生的动手能力,使学生具备成本会计工作的基本技能。本书包括项目实训和综合实训两部分。项目实训以一个中小型机械厂的成本核算与成本管理为例子,针对"掌握成本核算基本流程"与"编制并分析成本报表"两个模块中的每一个项目设计实训任务,其编排顺序与成本核算程序及成本会计工作任务一致;综合实训主要针对"运用产品成本计算方法"模块中的每个学习项目设计实训任务,由于这些实训都会用到前面几个模块的知识,因此称为综合实训。

《成本会计实训教程》可以作为高职高专院校会计类专业学习成本会计的配套用书,也可以单独使用或作为在职人员培训参考用书。本书中的知识要点提示及参考答案,主要是为了满足学生及社会工作者自学的需要。

图书在版编目(CIP)数据

成本会计实训教程 / 谭亚娟,贺美兰,邹炎炎主编
—3版. —南京:南京大学出版社,2019.1(2023.8重印)
ISBN 978 - 7 - 305 - 21562 - 9

Ⅰ. ①成… Ⅱ. ①谭… ②贺… ③邹… Ⅲ. ①成本会计—高等职业教育—教材 Ⅳ. ①F234.2

中国版本图书馆 CIP 数据核字(2019)第 013498 号

出版发行　南京大学出版社
社　　址　南京市汉口路 22 号　　　邮　　编　210093
出 版 人　金鑫荣

书　　名　成本会计实训教程(第 3 版)
主　　编　谭亚娟　贺美兰　邹炎炎
责任编辑　徐　媛　顾其兵　　　编辑热线　025 - 83596997
照　　排　南京开卷文化传媒有限公司
印　　刷　丹阳兴华印务有限公司
开　　本　787×1092　1/16　印张 8.75　字数 219 千
版　　次　2023 年 8 月第 3 版第 5 次印刷
ISBN　978 - 7 - 305 - 21562 - 9
定　　价　25.00 元

网　　址:http://www.njupco.com
官方微博:http://weibo.com/njupco
官方微信号:njupress
销售咨询热线:(025)83594756

前　言

教高〔2006〕16 号文件中指出,高等职业教育应大力推行工学结合,突出实践能力培养,增加学生的职业能力。成本会计作为高等职业教育的课程之一,其教材的设计应强调实践性、职业性。为适应该要求,我们根据财政部最新发布的《企业会计准则》(2014 年 5 月版),《企业产品成本核算制度》(试行),在编写《成本会计项目化教程》的同时编写了这本《成本会计实训教程》作为《成本会计项目化教程》的配套用书。

本教材包括项目实训和综合实训两部分。

项目实训是以一个中小型机械厂的成本核算与成本管理为例子,针对"掌握成本核算基本流程"与"编制并分析成本报表"两个模块中的每一个项目设计的实训任务,其编排顺序与成本核算程序及成本会计工作任务一致。

《成本会计项目化教程》中,"运用产品成本计算方法"模块介绍了品种法、分批法等各种产品成本计算方法的核算流程,知识较为综合,每一种产品成本计算方法都会用到"掌握成本核算基本流程"模块中所讲授的知识。综合实训针对每一种产品成本计算方法进行设计,是对本课程知识的综合运用与巩固。

《成本会计实训教程》可以作为学习成本会计的配套用书,也可以单独使用或作为在职人员培训参考用书。《成本会计实训教程》里的知识要点提示及参考答案,主要是为了满足学生及社会工作者自学的需要。

本书由重庆科创职业学院谭亚娟、江西交通职业技术学院贺美兰、仙桃职业学院邹炎炎担任主编,江西环境工程职业学院涂瑛辉、江西工程学院廖银花、重庆康华会计事务所吕武勇担任副主编,全书由谭亚娟统稿。

本书的编写参考了有关专家编著的教材和专著,在此表示衷心的感谢。

由于编者水平有限,书中难免存在疏漏和不妥之处,敬请使用本书的师生与读者批评指正,以便修订时改进。如读者在使用本书的过程中有其他意见或建议,恳请向编者(CL198577@126.com)提出。

编者

2019 年 1 月

目　录

模块一 项目实训

情境设计

公司概况

兴业重型机床制造有限公司是一家集生产、销售、服务于一体的重型铣、镗床专业性民营企业。为了更好地与国际接轨,进一步提高产品品质,把产品推向国际市场,兴业重机在同行业中率先通过了 ISO9001:2000 质量管理体系认证。

兴业重机始建于 2000 年,占地面积 130 多亩,注册资金 1 050 万元,拥有固定资产 360 多万,职工 132 人,其中生产工人 99 人,车间管理人员 14 人,行政人员 9 人,销售人员 10 人。该公司设有铸造、金工、组装三个基本生产车间,供汽和供电两个辅助生产车间。供汽车间为该公司内各个部门供汽,以满足各部门对动力和采暖的需要;供电车间为该公司内各个部门供电,以满足各部门对电力的需要。

兴业重型机床制造有限公司主要生产铣床和镗床两种机床,其生产工艺流程如下:铸造车间生产铁铸件和铝铸件,经检验合格后交自制半成品库;金工车间从自制半成品库领用各种铸件,经加工后,直接交组装车间;组装车间将金工车间加工的各种部件及外购件装配成机床,经检验合格后交产成品仓库。

公司的产品成本核算制度

一、产品成本项目

(1)直接材料。直接材料是指直接参与产品生产,构成产品实体的原料及主要材料、外购半成品,以及有助于产品形成的辅助材料等。

(2)直接人工。直接人工是指直接参与产品生产的生产工人的各种薪酬。

(3)制造费用。指应计入产品成本,但没有专设成本项目的各项费用以及月末分配转入的制造费用。

(4)废品损失。废品损失是指本期生产的废品所带来的损失。

(5)燃料及动力。用于登记产品所消耗的汽、电费。

二、不得列入产品成本的支出

下列支出不得列入产品成本:公司及各行政管理部门为组织和管理生产经营活动所发生的管理费用;公司因筹集生产经营所需资金而发生的财务费用;因订立合同而发生的有关费用;各项罚款、赞助、捐赠支出;国家规定不得列入成本、费用的其他支出。

三、成本核算的基本程序

兴业重型机床制造有限公司采用逐步结转分步法核算产品成本,分生产步骤及产品品种提供成本信息。

1. 确定成本计算对象

铸造车间以铁铸件和铝铸件为成本计算对象,各种铸件的成本按综合成本结转,不进行成本还原。完工的各种铸件入半成品库(先入库后领用)。

金工车间和组装车间以产品铣床、镗床为成本计算对象,金工车间生产的自制半成品采用分项逐步结转分步法转入组装车间各成本项目(直接移交式)。

2. 设置各种成本和费用明细账

(1)基本生产成本明细账与辅助生产明细账,按成本计算对象和成本项目核算产品、劳务成本。

(2)制造费用明细账,按生产部门和明细项目分别核算发生的制造费用,并按规定进行分配核算,月终不保留余额。

(4)产成品、自制半成品明细账。

(5)主营业务成本明细账,根据销售清单及出库单结转产品销售成本。

3. 核算材料费、人工费、办公费、折旧费等要素费用

将各项要素费用分配计入各成本、费用账户。

4. 核算辅助生产费用

将归集起来的辅助生产费用在各受益对象之间进行分配。

5. 核算基本生产车间的制造费用

将各车间归集起来的制造费用在该车间产品之间进行分配。

6. 按照确定的成本计算对象,编制成本计算单

根据归集的全部生产费用和成本核算资料,按成本项目计算各种产品的在产品成本、完工产品成本和单位成本。

7. 结转产品销售成本

四、材料费的核算

1. 财务部设"原材料""周转材料"明细账

原材料按材料类别设置二级明细账,周转材料采用一次摊销法摊入费用。库房按材料品种和规格设置三级明细账;按低值易耗品类别、品种、规格设置辅助账簿,以控制其数量,掌握使用状况。材料三级明细账根据采购验收单和领料单逐笔登记。

2. 公司对材料、自制半成品、产成品等存货均采用实际成本计价法计价,具体采用先进先出法

五、人工费的归集与分配

工资总额包括计时工资、计件工资以及属于国家规定工资总额范围内的津贴、补贴、奖金等,都应当根据手续完备的原始凭证进行计算、支付、汇总、分配,计入不同的成本费用

科目。

公司应为职工缴纳医疗保险费、养老保险费、失业保险费、工伤保险费、生育保险费和住房公积金。由于本公司个人上年月平均工资低于最低标准，职工个人及企业的缴费基数为本市上年月平均工资 5 000 元的 60%，即 3 000 元。

六、辅助生产费用的归集与分配

供电车间为公司内部各个部门供电，供电车间应将每月发生的生产费用按月在各受益对象之间进行分配，计入各受益对象的成本、费用中。

供汽车间为公司内部各个部门供汽，供汽车间应将每月发生的生产费用按月在各受益对象之间进行分配，计入各受益对象的成本、费用中。

辅助生产车间费用分配采用一次交互分配法，辅助生产车间为单品种车间，不设置制造费用账户，所有生产费用直接计入"辅助生产成本"账户。

七、制造费用的归集与分配

制造费用发生时，先在"制造费用"账户归集，月末进行汇总并按一定标准进行分配，计入各成本计算对象生产成本中。其分配的计算公式如下：

制造费用分配率＝本月发生的制造费用÷各成本计算对象生产工时之和

各产品承担的制造费用＝该产品生产工时×制造费用分配率

八、损失性费用的核算

公司重视对废品损失的控制，要求单独核算废品损失；停工损失较少，不单独核算停工损失。

九、完工产品实际成本的确定

为了分期确定损益，在有未完工产品的情况下，需要将按照成本计算对象归集的生产成本，在完工产品和在产品之间进行分配。其计算公式为：

完工产品实际成本＝月初在产品成本＋本月发生全部生产成本－月末在产品实际成本

期末未完工产品实际成本的确定采用约当产量法。约当产量法是指将月末在产品按其完工程度折算为完工产品产量，并按在产品约当产量与完工产品产量的比例分配在产品与完工产品成本的一种方法（原材料不折算）（为简化计算，暂采用 50% 作为综合折率计算月末在产品约当产量）。其计算公式为：

月末在产品约当产量＝月末在产品数量×完工程度

本月完工产品（约当）单位成本＝（月初在产品成本＋本月发生的生产成本）÷

（本月实际完工数量＋月末在产品约当产量）

月末在产品实际成本＝直接材料费＋月末在产品约当产量×

本月完工产品（约当）单位成本

成本会计人员的工作职责

一、设置成本核算账户

二、建立、健全原始记录

三、严格材料物资计量、收发和盘点制度

四、核算各项要素费用及综合费用

五、结合公司的生产特点和管理要求,采用适当的成本计算方法计算产品成本

其他情境设计

一、成本核算期间

在项目实训中,成本会计人员核算山东兴业重型机床制造有限公司 20×8 年 12 月份的成本、费用。

二、基本资料

公司开户银行为中国××银行××分行,账号为 6223123445678909876,纳税登记号为 3701001808455。

项目实训一 设置成本核算账户

实训目的

掌握成本核算账户设置的原则、要求及方法；

能够独立、准确地设置相关成本核算账户。

实训资料

期初在产品成本见表1-1-1。

表1-1-1 期初在产品成本

单位:元

车间 / 产品	成本项目	直接材料	直接人工	制造费用	燃料及动力	合计
金工车间	铣床	23 760	1 730	1 210	1 000	27 700
	镗床	42 290	2 450	2 550	2 000	49 290
	小计	66 050	4 180	3 760	3 000	76 990
组装车间	铣床	78 820	2 360	2 620	2 000	85 800
	镗床	119 240	5 980	5 770	4 000	134 990
	小计	198 060	8 390	8 390	6 000	220 790
合计		264 110	12 150	12 150	9 000	297 780

工作任务

任务一 根据成本计算对象设置"基本生产成本明细账"(见表1-1-2至表1-1-7)。

任务二 根据辅助生产车间及成本核算要求,设置"辅助生产成本明细账"(见表1-1-8至表1-1-9)。

任务三 根据产品成本核算要求,设置"制造费用明细账",费用项目包括间接材料、间接人工、报刊费、保险费、办公费、折旧费、汽费、电费(见表1-1-10至表1-1-12)。

任务四 设置"废品损失明细账"(见表1-1-13至表1-1-14)。

任务五 根据表1-1-1登记相关账户的期初余额。

注:本实训主要进行产品成本核算,实训过程中不设置与产品成本核算无关的明细账。

表 1 − 1 − 2　基本生产成本明细账

车间：　　　产品：　　　单位:元

年		凭证字号	摘　要	借　　　方				合计	贷方	余额
月	日									

表1-1-3　基本生产成本明细账

车间：　　　　产品：　　　　　　　　　　　　　　　　　　　　　　单位：元

年		凭证字号	摘要	借　　方					贷方	余额
月	日							合计		

表 1－1－4　基本生产成本明细账

车间：　　　　　　　　　　产品：　　　　　　　　　　　　　　　　　　　　　　　　　单位：元

年		凭证字号	摘要	借　　方					贷方	余额
月	日							合计		

表 1 - 1 - 5　基本生产成本明细账

车间：　　　　　　　　　　　　　　产品：　　　　　　　　　　　　　　　　　　　　　　　　　　　　　单位：元

年		凭证字号	摘要	借　方					贷方	余额
月	日						合计			

表1－1－6　基本生产成本明细账

车间：　　　　　　　　　　　产品：　　　　　　　　　　　　　　　　　　　　　　　单位：元

年		凭证字号	摘　要	借　　　　方					贷方	余额
月	日							合计		

表1-1-7 基本生产成本明细账

单位:元

车间: 产品:

年		凭证字号	摘 要	借 方					合计	贷方	余额
月	日										

表1-1-8　辅助生产成本明细账

单位:元

车间:

年		凭证字号	摘要	借					方		贷方	余额
月	日									合计		

表1-1-9　辅助生产成本明细账

车间：　　　　　　　　　　　　　　　　　　　　　　　　　　　　单位：元

年		凭证字号	摘要	借　　方							合计	贷方	余额
月	日												

表 1－1－10　制造费用明细账

单位:元

车间:

年		凭证字号	摘　要	借　　　方						贷方	余额
月	日								合计		

表 1 - 1 - 11 制造费用明细账

车间：

单位：元

年		凭证字号	摘 要	借 方					合计	贷方	余额
月	日										

表 1 - 1 - 12　制造费用明细账

单位:元

车间:

年		凭证字号	摘　要	借　　　　　方							合计	贷方	余额
月	日												

表 1 – 1 – 13　废品损失明细账

单位:元

车间:

月	年 日	凭证字号	摘　要	借　方				贷方	余额
							合计		

表 1 – 1 – 14　废品损失明细账

车间：　　　　产品：　　　　　　　　　　　　　　　　　　　　　　　　　　单位：元

年		凭证字号	摘要	借　方				贷方	余额
月	日						合计		

实训答案

  任务一 （略）
  任务二 （略）
  任务三 （略）
  任务四 （略）
  任务五 （略）

项目实训二 核算材料费用

实训目的

掌握发出材料的计价方法；

掌握材料费用的归集方法；

掌握材料费用的分配方法；

能够正确归集、分配材料费用,并进行账务处理。

实训资料

一、山东兴业重型机床制造有限公司材料的编号、类别及名称、单位见表1-2-1。

表1-2-1 材料信息

材料类别	编 号	名 称	单 位
原料及 主要材料	101 102	生铁 铝锭	吨 吨
辅助 材料	201 202	润滑油 油漆	千克 千克
外 购 件	301 302 303 304 305	电动机 轴承 电子元件 标准件 包装箱	台 套 套 套 只
燃 料	401 402 403	煤 焦炭 煤油	吨 吨 千克
自制半成品	501 502	铁铸件 铝铸件	吨 吨
周转材料	601 602 603	耐热手套 专用工具 量具	副 把 套

二、标准件的库存情况见表1-2-2。

表1-2-2 标准件的库存情况

元

购买日期	数量(套)	单价(元/套)	金额
20×8年10月28日	10	900	9 000
20×8年11月20日	90	930	83 700
20×8年11月25日	60	940	56 400
20×8年11月29日	100	900	90 000
合 计	260		239 100

三、本月材料的领用情况

各用料单位填制一式四联领料单,据以从材料仓库领用材料,月末财会部门材料核算员进行金额汇总,编制"发出材料及自制半成品汇总表"。本月材料领料单如表1-2-3至1-2-25所示。

表1-2-3 兴业重机领料单

编号:

领料部门:组装车间　　　　　　　　20×8年12月2日　　　　　　　　仓库:

材料类别	材料编号	材料名称	计量单位	数量	单价(元)	金额(元)	用途
外购件	302	轴承	套	60	150	9 000	制造产品

供应单位:　　　　　　　　保管员:李小明　　　　　　　　领料人:刘凤

表1-2-4 兴业重机领料单

编号:

领料部门:铸造车间　　　　　　　　20×8年12月3日　　　　　　　　仓库:

材料类别	材料编号	材料名称	计量单位	数量	单价(元)	金额(元)	用途
原料及主要材料	101	生铁	吨	100	2 100	210 000	铁铸件

供应单位:　　　　　　　　保管员:李小明　　　　　　　　领料人:张松

表1-2-5 兴业重机领料单

编号:

领料部门:厂部　　　　　　　　20×8年12月3日　　　　　　　　仓库:

材料类别	材料编号	材料名称	计量单位	数量	单价(元)	金额(元)	用途
辅助材料	202	油漆	千克	17	20	340	办公室

供应单位:　　　　　　　　保管员:李小明　　　　　　　　领料人:张杰

表1-2-6 兴业重机领料单

编号:

领料部门:铸造车间　　　　　　　　20×8年12月3日　　　　　　　　仓库:

材料类别	材料编号	材料名称	计量单位	数量	单价(元)	金额(元)	用途
燃料	401	煤	吨	32	475	15 200	制造产品
燃料	401	煤	吨	5	681	3 405	制造产品
燃料	401	煤	吨	5	659	3 295	制造产品

供应单位:　　　　　　　　保管员:李小明　　　　　　　　领料人:张大明

表 1-2-7　兴业重机领料单

领料部门：组装车间　　　　　　　20×8 年 12 月 5 日　　　　　　　编号：
　　　　　　　　　　　　　　　　　　　　　　　　　　　　　　　　仓库：

材料类别	材料编号	材料名称	计量单位	数量	单价(元)	金额(元)	用途
外购件	304	标准件	套	10			制造产品
外购件	304	标准件	套	20			制造产品
外购件	304	标准件	套	25			制造产品

供应单位：　　　　　　　　　保管员：李小明　　　　　　　领料人：刘凤

表 1-2-8　兴业重机领料单

领料部门：金工车间　　　　　　　20×8 年 12 月 5 日　　　　　　　编号：
　　　　　　　　　　　　　　　　　　　　　　　　　　　　　　　　仓库：

材料类别	材料编号	材料名称	计量单位	数量	单价(元)	金额(元)	用途
自制半成品	501	铁铸件	吨	40	6 000	240 000	两种产品各消耗 50%
辅助材料	202	油漆	千克	50	40	2 000	两种产品各消耗 50%

供应单位：　　　　　　　　　保管员：李小明　　　　　　　领料人：李刚

表 1-2-9　兴业重机领料单

领料部门：供汽车间　　　　　　　20×8 年 12 月 5 日　　　　　　　编号：
　　　　　　　　　　　　　　　　　　　　　　　　　　　　　　　　仓库：

材料类别	材料编号	材料名称	计量单位	数量	单价(元)	金额(元)	用途
辅助材料	202	油漆	千克	250	4.50	1 125	车间用
燃料	402	焦炭	吨	2	2 600	5 200	车间用

供应单位：　　　　　　　　　保管员：李小明　　　　　　　领料人：王一

表 1-2-10　兴业重机领料单

领料部门：组装车间　　　　　　　20×8 年 12 月 6 日　　　　　　　编号：
　　　　　　　　　　　　　　　　　　　　　　　　　　　　　　　　仓库：

材料类别	材料编号	材料名称	计量单位	数量	单价(元)	金额(元)	用途
外购件	303	电子元件	套	100	456	45 600	制造产品

供应单位：　　　　　　　　　保管员：李小明　　　　　　　领料人：刘凤

表 1-2-11 兴业重机领料单

编号：

领料部门：供电车间　　　　　20×8 年 12 月 7 日　　　　　仓库：

材料类别	材料编号	材料名称	计量单位	数量	单价(元)	金额(元)	用途
辅助材料	202	油漆	千克	152	38	5 776	设备用
辅助材料	201	润滑油	千克	130	48	6 240	设备用

供应单位：　　　　　　　　保管员：李小明　　　　　　　领料人：王一

表 1-2-12 兴业重机领料单

编号：

领料部门：金工车间　　　　　20×8 年 12 月 7 日　　　　　仓库：

材料类别	材料编号	材料名称	计量单位	数量	单价(元)	金额(元)	用途
自制半成品	501	铝铸件	吨	1	16 000	16 000	镗床
自制半成品	501	铝铸件	吨	0.6	16 000	9 600	铣床

供应单位：　　　　　　　　保管员：李小明　　　　　　　领料人：李刚

表 1-2-13 兴业重机领料单

编号：

领料部门：铸造车间　　　　　20×8 年 12 月 7 日　　　　　仓库：

材料类别	材料编号	材料名称	计量单位	数量	单价(元)	金额(元)	用途
原料及主要材料	102	铝锭	吨	13	1 000	13 000	铝铸件

供应单位：　　　　　　　　保管员：李小明　　　　　　　领料人：张雷

表 1-2-14 兴业重机领料单

编号：

领料部门：组装车间　　　　　20×8 年 12 月 8 日　　　　　仓库：

材料类别	材料编号	材料名称	计量单位	数量	单价(元)	金额(元)	用途
外购件	304	标准件	套	45			制造产品
外购件	304	标准件	套	27			制造产品

供应单位：　　　　　　　　保管员：李小明　　　　　　　领料人：刘凤

表 1 - 2 - 15　兴业重机领料单

领料部门：金工车间　　　　　　　20×8 年 12 月 8 日

编号：

仓库：

材料类别	材料编号	材料名称	计量单位	数量	单价(元)	金额(元)	用途
自制半成品	501	铁铸件	吨	25	6 000	150 000	铣床负担 1/3；镗床负担 2/3

供应单位：　　　　　　　　保管员：李小明　　　　　　　领料人：张大明

表 1 - 2 - 16　兴业重机领料单

领料部门：铸造车间　　　　　　　20×8 年 12 月 9 日

编号：

仓库：

材料类别	材料编号	材料名称	计量单位	数量	单价(元)	金额(元)	用途
燃料	402	焦炭	吨	2	2 600	5 200	铝铸件

供应单位：　　　　　　　　保管员：李小明　　　　　　　领料人：张雷

表 1 - 2 - 17　兴业重机领料单

领料部门：组装车间　　　　　　　20×8 年 12 月 10 日

编号：

仓库：

材料类别	材料编号	材料名称	计量单位	数量	单价(元)	金额(元)	用途
外购件	304	标准件	套	22			制造产品
外购件	304	标准件	套	10			制造产品

供应单位：　　　　　　　　保管员：李小明　　　　　　　领料人：刘凤

表 1 - 2 - 18　兴业重机领料单

领料部门：组装车间　　　　　　　20×8 年 12 月 11 日

编号：

仓库：

材料类别	材料编号	材料名称	计量单位	数量	单价(元)	金额(元)	用途
辅助材料	202	油漆	千克	80	26	2 080	两种产品各负担 50%
辅助材料	201	润滑油	千克	20	52	1 040	一般消耗

供应单位：　　　　　　　　保管员：李小明　　　　　　　领料人：刘凤

表 1-2-19 兴业重机领料单

编号：

领料部门：组装车间   20×8 年 12 月 11 日   仓库：

材料类别	材料编号	材料名称	计量单位	数量	单价（元）	金额（元）	用途
外购件	305	包装箱	只	48	45	2 160	铣床
外购件	305	包装箱	只	62	45	2 790	镗床

供应单位：   保管员：李小明   领料人：刘凤

表 1-2-20 兴业重机领料单

编号：

领料部门：供汽车间   20×8 年 12 月 17 日   仓库：

材料类别	材料编号	材料名称	计量单位	数量	单价（元）	金额（元）	用途
燃料	401	煤	吨	20	650	13 000	锅炉用
燃料	401	煤	吨	10	600	6 000	锅炉用

供应单位：   保管员：李小明   领料人：梁浩

表 1-2-21 兴业重机领料单

编号：

领料部门：组装车间   20×8 年 12 月 19 日   仓库：

材料类别	材料编号	材料名称	计量单位	数量	单价（元）	金额（元）	用途
外购件	304	标准件	套	1			制造产品
外购件	304	标准件	套	26			制造产品

供应单位：   保管员：李小明   领料人：刘凤

表 1-2-22 兴业重机领料单

编号：

领料部门：组装车间   20×8 年 12 月 19 日   仓库：

材料类别	材料编号	材料名称	计量单位	数量	单价（元）	金额（元）	用途
外购件	301	电动机	台	80	808	64 640	制造产品

供应单位：   保管员：李小明   领料人：刘凤

表 1-2-23　兴业重机领料单

编号：

领料部门：铸造车间　　　　　　　20×8 年 12 月 25 日　　　　　仓库：

材料编号	材料名称	计量单位	数量	单价(元)	金额(元)	用途
周转材料	耐热手套	副	10	7	70	一般消耗
周转材料	专用工具	把	120	47	5 640	一般消耗

供应单位：　　　　　　　保管员：陈光月　　　　　　　领料人：陈竹

表 1-2-24　兴业重机领料单

编号：

领料部门：金工车间　　　　　　　20×8 年 12 月 25 日　　　　　仓库：

材料编号	材料名称	计量单位	数量	单价(元)	金额(元)	用途
周转材料	量具	套	6	60	360	一般消耗

供应单位：　　　　　　　保管员：陈光月　　　　　　　领料人：陈竹

表 1-2-25　兴业重机领料单

编号：

领料部门：组装车间　　　　　　　20×8 年 12 月 25 日　　　　　仓库：

材料编号	材料名称	计量单位	数量	单价(元)	金额(元)	用途
周转材料	专用工具	套	10	50	500	一般消耗

供应单位：　　　　　　　保管员：陈光月　　　　　　　领料人：吴圆圆

要点提示

一、先进先出法

先进先出法是以先入库的存货应先发出(销售或耗用)这样一种假设为前提,对发出存货进行计价。采用这种方法,先购入的存货成本在后购入存货成本之前转出,据此确定发出存货和期末存货的成本。

二、费用分配的一般步骤及公式

(1) 选择适当的分配标准。
(2) 计算费用分配率。

费用分配率＝待分配费用总额/各受益对象分配标准之和

（3）计算各受益对象分摊的费用。

各受益对象所承担的费用＝该受益对象的分配标准×费用分配率

三、分配率保留两位小数

工作任务

任务一 公司的产品成本核算制度规定材料的计价采用实际成本法，具体采用先进先出法。分别确定每次发出标准件的单价及金额。完成表1-2-7、表1-2-14、表1-2-17、表1-2-21。

要求：写出计算过程。

任务二 本月铸造车间生产铁铸件70吨、铝铸件3吨；采用产品重量比例法分配铸造车间两种产品共同耗用的煤。编制"材料费用分配表"见表1-2-26。

要求：写出计算过程。

表 1-2-26　材料费用分配表

车间:铸造车间　　　　　　　　　　　20×8 年 12 月　　　　　　　　　　　　　　　　元

产品名称	材料类别	材料名称	产品重量(吨)	分配计入	
				分配率	应分配材料费用
铁铸件					
铝铸件					
合　计					

任务三　两种产品共同消耗标准件,采用定额消耗量分配法对标准件进行分配。编制"材料费用分配表"见表 1-2-27。本月组装车间生产铣床 26 台,其消耗定额为 5 套每台;镗床 30 台,其消耗定额为 4 套每台。

要求:写出计算过程。

表 1-2-27　材料费用分配表

车间:组装车间　　　　　　　　　　　20×8 年 12 月　　　　　　　　　　　　　　　　元

产品名称	材料类别	材料名称	产量(台)	共同耗用材料费用总额			
				单位消耗定额(套)	定额耗用量	分配率	应分配材料费用
铣床							
镗床							
合　计							

任务四　组装车间两种产品共同耗用的其余外购件,采用产品产量比例分配法进行分配,编制"材料费用分配表"见表 1-2-28。

要求:写出计算过程。

表1-2-28 材料费用分配表

车间:组装车间   20×8年12月   元

产品名称	材料类别	产品产量(台)	共同耗用材料费用总额	
			分配率	应分配费用
铣床				
镗床				
合　计				

任务五 根据领料单及表1-2-26至表1-2-28,编制"发出材料及自制半成品汇总表"见表1-2-29。

表 1－2－29　发出材料及自制半成品汇总表

编制单位：兴业重机　　　20×8 年 12 月　　　　　　　　　　　　　　　元

领料部门		原料及主要材料	自制半成品	辅助材料	外购件	燃　料	周转材料	合　计
铸造车间	铁铸件							
	铝铸件							
金工车间	铣床							
	镗床							
组装车间	铣床							
	镗床							
供汽车间								
供电车间								
铸造车间								
金工车间								
组装车间								
厂　部								
合　计								

会计主管：　　　　　　复核：　　　　　　记账：　　　　　　制单：

任务六 根据"发出材料及自制半成品汇总表"编制"材料费用分配汇总表",见表 1-2-30,编制材料费用分配的会计凭证,见表 1-2-31、表 1-2-32。

表 1-2-30 材料费用分配汇总表

兴业重机: 20×8 年 12 月 单位:元

应借科目			成本(费用)项目	分配材料费用
总账账户	二级账户	明细账户		
基本生产成本	铸造车间	铁铸件	直接材料	
		铝铸件	直接材料	
		小 计		
	金工车间	铣 床	直接材料	
		镗 床	直接材料	
		小 计		
	组装车间	铣 床	直接材料	
		镗 床	直接材料	
		小 计		
辅助生产成本	供汽车间		材料费	
	供电车间		材料费	
	小 计			
制造费用	铸造车间		间接材料	
制造费用	金工车间		间接材料	
制造费用	组装车间		间接材料	
管理费用	材料费		材料费	
合 计				

表 1-2-31 记账凭证

年 月 日 凭证编号:

摘 要	总账科目	二级科目	明细科目	借方金额 亿千百十万千百十元角分	贷方金额 亿千百十万千百十元角分	√
附件 张		合 计				

会计主管: 记账: 审核: 制单:

表 1-2-32 记账凭证

年 月 日   凭证编号：

摘要	总账科目	二级科目	明细科目	借方金额										贷方金额										√
				亿	千	百	十	万	千	百	十	元	角	分	亿	千	百	十	万	千	百	十	元	角	分	
附件 张		合 计																							

会计主管：   记账：   审核：   制单：

任务七 根据记账凭证登记项目实训一所设置的相关会计账簿。

实训答案

任务一 20×8 年 12 月 5 日发出标准件分别为 27 600 元、23 250 元；

20×8 年 12 月 8 日发出标准件为 67 230 元；

20×8 年 12 月 10 日发出标准件分别为 20 680 元、9 400 元；

20×8 年 12 月 19 日发出标准件为 24 340 元。

任务二 煤的分配率为 300 元/吨。

任务三 标准件的分配率为 690 元/套。

任务四 其余外购件的分配率为 2 129.29 元/台。

任务五 原材料减少 589 591 元；自制半成品减少 415 600 元；周转材料减少 6 570 元。

任务六 （略）

任务七 （略）

项目实训三 核算人工费用

实训目的

掌握计时工资及计件工资的计算方法；

掌握应付工资及实付工资的计算；

掌握工资费用的分配方法及账务处理；

掌握职工福利费的计提及账务处理；

掌握购买社会保险费及住房公积金的账务处理；

能够独立、准确地核算公司的人工费用。

实训资料

一、工资制度

铸造车间共有 17 个生产工人，其中，铁铸件工作班有刘明等 10 人，专门从事铁铸件的生产；铝铸件工作班有张南等 5 人，专门从事铝铸件的生产；基础班有张强和罗云两人。铁铸件及铝铸件生产工人采用计件工资制度；保养班采用计时工资制度，按 21 天计算日工资标准。

二、福利制度

公司为职工缴纳五险一金。由于本公司个人上年月平均工资低于最低标准，职工个人及企业的缴费基数为本市上年月平均工资 5 000 元的 60%，即 3 000 元。

缴费比例分别为基本养老保险费（19%）、基本医疗保险费（6%）、工伤保险费（0.75%）、失业保险费（0.5%）和生育保险费（0.5%）；职工个人需缴纳基本养老保险费（8%）、基本医疗保险费（2%）和失业保险费（0.5%）；住房公积金缴费比例为 12%。

三、工资费用分配方法

铸造车间保养班工人的工资费用以及金工车间、组装车间生产工人的工资费用作为间接计入生产费用，以各产品的生产工时为分配标准分配计入各产品成本。

四、工资发放

公司代扣各种款项后，于次月 12 日发放本月工资，并于次月 15 日缴纳各种保险费及住房公积金。

五、20×8 年 12 月份计算工资的相关资料见表 1-3-1 至表 1-3-9。

表 1-3-1 兴业重机有关工资结算费用标准

20×8 年 12 月 元

项 目	单 位	金 额	项 目	单 位	金 额
夜班津贴	1 班次	100	物价补贴	每人	200

表1-3-2　考勤统计表

车间:铸造车间　　　　　　　　　　　20×8年12月　　　　　　　　　　　　　　天

姓名	出勤分类				缺勤分类		备　注
	出勤	加班	中班	夜班	病假	事假	
张强	19			3	2		按月基本工资的10%扣发病假工资
罗云	18			3		3	

表1-3-3　保养班工资、奖金通知单

车间:铸造车间　　　　　　　　　　　20×8年12月　　　　　　　　　　　　　　元

姓名	基本工资	经常性奖金
张强	4 200	600
罗云	4 200	700

表1-3-4　生产工时统计表

20×8年12月　　　　　　　　　　　　小时

铸造车间		金工车间		组装车间	
铁铸件	铝铸件	铣床	镗床	铣床	镗床
1 340	664	2 000	2 100	2 507	2 090

表1-3-5　铁铸件工作班产量记录

车间:铸造车间　　　　　　　　　　　20×8年12月　　　　　　　　　　　　　　元

产品名称	检验情况				合格品工资		
	交验数	合格数	工废数	料废数	计件单价	产量(吨)	合　计
铁铸件	70	67	3		800	67	53 600

表1-3-6　铁铸件工作班工时记录

车间:铸造车间　　　　　　　　　　　20×8年12月　　　　　　　　　　　　　　小时

姓名	刘明	陈云	李成	李冰	刘勇	李勇	罗彬	李志	李超	田辉	合计
工时	140	150	145	145	128	142	130	120	120	120	1 340

表1-3-7　铝铸件工作班产量记录

车间:铸造车间　　　　　　　　　　　20×8年12月　　　　　　　　　　　　　　元

产品名称	检验情况				合格品工资		
	交验数	合格数	工废数	料废数	计件单价	产量(吨)	合　计
铝铸件	3	3			9 600	3	28 800

表 1-3-8　铝铸件工作班工资等级及工时记录

车间:铸造车间　　　　　　　　　　20×8 年 12 月　　　　　　　　　　　　　小时

姓名	小时工资率	实际工作小时数
张南	32	140
杨坤	16	154
陈岩	19.2	120
李刚	16	130
柯东	25.6	120
合　计		664

表 1-3-9　兴业重机职工代扣款项通知单

车间或部门:铸造车间　　　　　　　20×8 年 12 月　　　　　　　　　　单位:元

扣款项目 姓名	养老保险费 (8%)	医疗保险费 (2%)	失业保险费 (0.5%)	住房公积金 (12%)	合　计
刘明	240	60	15	360	675
陈云	240	60	15	360	675
李成	240	60	15	360	675
李冰	240	60	15	360	675
刘勇	240	60	15	360	675
李勇	240	60	15	360	675
罗彬	240	60	15	360	675
李志	240	60	15	360	675
李超	240	60	15	360	675
田辉	240	60	15	360	675
张南	240	60	15	360	675
杨坤	240	60	15	360	675
陈岩	240	60	15	360	675
李刚	240	60	15	360	675
柯东	240	60	15	360	675
张强	240	60	15	360	675
罗云	240	60	15	360	675
合计	4 080	1 020	255	6 120	11 475

要点提示

一、计时工资的计算方法

1. 缺勤法的计算公式

应付月计时工资＝月工资标准－事假、旷工天数×日工资标准－病假天数×
日工资标准×病假扣款率

2. 出勤法的计算公式

应付月计时工资＝出勤天数×日工资标准＋ 病假天数×
日工资标准×(1－病假扣款率)

二、日工资标准的计算方法

1. 每月按 30 天计算

$$日工资标准＝\frac{月工资标准}{30}$$

2. 每月按 21 天计算

在该方法下,每年 365 天,52 个双休日为 104 天,有 11 个国定假日。

$$平均每月工作天数＝(365－104－11)÷12＝20.83≈21 天$$

$$日工资标准＝\frac{月工资标准}{21}$$

3. 每月按实际工作日计算

$$日工资标准＝\frac{月工资标准}{本月实际应工作天数}$$

三、集体计件工资按工人的计时工资分配

其计算公式及步骤如下。

第一步,计算各成员应得计时工资。

各成员应得计时工资＝该成员实际工作时间×小时工资标准

第二步,计算集体计件工资分配率。

集体计件工资分配率＝集体计件工资÷各成员应得计时工资之和

第三步,计算各成员应得计件工资。

各成员应得计件工资＝各成员应得计时工资×集体计件工资分配率

四、工资总额的计算

工资总额也就是企业的应付工资,其计算公式为:

应付工资＝应付计时工资＋应付计件工资＋奖金＋津贴补贴＋

加班加点工资＋特殊情况下支付的工资

实发工资＝应付工资－代扣、代垫款项

五、生产工人工资在各产品之间的分配

其计算公式如下：

$$工资费用分配率＝\frac{某车间生产工人计时工资总额}{该车间各产品生产工时(实际或定额)之和}$$

某产品应分担的工资费用＝该产品生产工时(实际或定额)×工资费用分配率

六、分配率保留两位小数

工作任务

任务一　根据表1-3-1至表1-3-3,用缺勤法计算张强和罗云本月的应得工资。

任务二　根据表1-3-5和表1-3-6计算铁铸件工作班每个工人的计件工资,填制表1-3-10。

表1-3-10　铁铸件工作班集体工资分配表

车间:铸造车间　　　　　　　　　　20×8年12月　　　　　　　　　　　　元

工人姓名	实际工作小时	分配率	计件工资
刘明			
陈云			
李成			
李冰			
刘勇			
李勇			
罗彬			
李志			
李超			
田辉			
合　计			

任务三 根据表1-3-7和表1-3-8计算铝铸件工作班每个工人的计件工资,填制表1-3-11。

表1-3-11 铝铸件工作班集体工资分配表

车间:铸造车间　　　　　　　　　　20×8年12月　　　　　　　　　　元

工人姓名	实际工作时数	小时工资率	计时工资	分配率	计件工资
张南					
杨坤					
陈岩					
李刚					
柯东					
合　计					

任务四 根据前面几项任务,计算铸造车间每个工人的应付工资及实发金额,填制表1-3-12"工资结算单"。

任务五 结合任务四,计算各部门的应付工资及实发金额,完成表1-3-13"工资结算汇总表",并编制公司代扣保险费和住房公积金的记账凭证(见表1-3-18至表1-3-38)。

任务六 根据前面的计算数据,结合表1-3-4及表1-3-13,分配工资费用,完成表1-3-14,编制相应记账凭证(见表1-3-18至表1-3-38)。

任务七 根据公司的福利制度,计提五险一金,完成表1-3-15,并分配保险费及住房公积金,完成表1-3-16,编制计提五险一金的记账凭证(见表1-3-18至表1-3-38)。

任务八 按工资的2‰计提工会经费,并按工资的1‰计提职工教育经费,完成表1-3-17,编制相应记账凭证(见表1-3-18至表1-3-38)。

任务九 登记相应会计账簿,见项目实训一。

表1-3-12　工资结算单

部门:铸造车间　　　　20×8年12月　　　　单位:元

生产班组	姓名	基础工资	奖金	加班工资	津贴		应扣工资		应付工资	代扣款项					实发金额
					物价	夜班	病假	事假		养老保险	医疗保险	失业保险	住房公积金	小计	
铁铸件工作班	刘明														
	陈云														
	李成														
	李冰														
	刘勇														
	李勇														
	罗彬														
	李志														
	李超														
	田辉														
	小计														
铝铸件工作班	张南														
	杨坤														
	陈岩														
	李刚														
	柯东														
	小计														
基础班	张强														
	罗云														
	小计														
	合计														

表1-3-13　工资结算汇总表

编制单位：兴业重机　　　　20×8年12月　　　　单位：元

部门人员		职工人数	基础工资	奖金	加班工资	津贴		应扣工资		应付工资	代扣款项					实发金额
						物价	夜班	病假	事假		养老保险	医疗保险	失业保险	住房公积金	小计	
铸造车间	铁铸件工作班	10														
	铝铸件工作班	5														
	基础班	2														
	管理人员	3	6 470	1 360	150	600										
金工车间	生产工人	32	103 800	3 892		6 400	3 500	378	294							
	管理人员	6	15 180	820		1 200	600									
组装车间	生产工人	28	96 658	9 060		5 600	3 000	483	835							
	管理人工	5	19 608	2 532		1 000	300									
供汽车间		12	41 080	4 762		2 400	600	400	442							
供电车间		10	37 580	3 956	1 260	2 000	550	260	286							
行政人员		9	37 280	1 100		1 800		380								
销售人员		10	38 320	1 360		2 000										
合计		132														

编制单位：兴业重机

表 1－3－14 工资费用分配表

单位：

部门		直接计入	应付工资 分配计入			合计
			生产工时	分配率	金额	
铸造车间	铁铸件					
	铝铸件					
	小计					
金工车间	铣床					
	镗床					
	小计					
组装车间	铣床					
	镗床					
	小计					
铸造车间						
金工车间						
组装车间						
供汽车间						
供电车间						
管理部门						
销售部门						
合计						

编制单位：兴业重机

表 1 - 3 - 15　社会保险费及公积金计提表

20×8 年

单位：元

部　门		职工人数	缴费基数	养老保险(19%)	医疗保险(6%)	失业保险(0.5%)	工伤保险(0.75%)	生育保险(0.5%)	住房公积金(12%)	合　计
铸造车间	铁铸件	10								
	铝铸件	5								
	基础班	2								
	管理人员	3								
	小　计	20								
金工车间	生产工人	32								
	管理人员	6								
	小　计	38								
组装车间	生产工人	28								
	管理人员	5								
	小　计	33								
供汽车间		12								
供电车间		10								
管理部门		9								
销售部门		10								
合　计		132								

表1-3-16 保险费及公积金分配表

编制单位:兴业重机

20×8年12月

单位:元

部门		直接计入	生产工时	分配计入		合 计
				分配率	金额	
铸造车间	铸铸件					
	铝铸件					
	小 计					
金工车间	铣床					
	镗床					
	小 计					
组装车间	铣床					
	镗床					
	小 计					
铸造车间						
金工车间						
组装车间						
供汽车间						
供电车间						
管理部门						
销售部门						
合 计						

表 1-3-17   工会经费及职工教育经费计提表

编制单位:兴业重机   20×8年12月   单位:元

部 门		应付工资	工会经费(2%)	职工教育经费(1%)	合计
铸造车间	铁铸件				
	铝铸件				
	小 计				
金工车间	铣 床				
	镗 床				
	小 计				
组装车间	铣 床				
	镗 床				
	小 计				
铸造车间					
金工车间					
组装车间					
供汽车间					
供电车间					
管理部门					
销售部门					
合 计					

表 1-3-18   记账凭证

年 月 日   凭证编号:

摘 要	总账科目	二级科目	明细科目	借方金额											贷方金额											√
				亿	千	百	十	万	千	百	十	元	角	分	亿	千	百	十	万	千	百	十	元	角	分	
附件 张		合 计																								

会计主管: 记账: 审核: 制单:

表 1-3-19　记账凭证

年　月　日　　　　　　　　　　凭证编号：

摘　要	总账科目	二级科目	明细科目	借方金额											贷方金额											√
				亿	千	百	十	万	千	百	十	元	角	分	亿	千	百	十	万	千	百	十	元	角	分	
附件　　张		合　　计																									

会计主管：　　　　　记账：　　　　　审核：　　　　　制单：

表 1-3-20　记账凭证

年　月　日　　　　　　　　　　凭证编号：

摘　要	总账科目	二级科目	明细科目	借方金额											贷方金额											√
				亿	千	百	十	万	千	百	十	元	角	分	亿	千	百	十	万	千	百	十	元	角	分	
附件　　张		合　　计																									

会计主管：　　　　　记账：　　　　　审核：　　　　　制单：

表 1-3-21　记账凭证

年　月　日　　　　　　　　　　　　　凭证编号：

摘　要	总账科目	二级科目	明细科目	借方金额											贷方金额											√
				亿	千	百	十	万	千	百	十	元	角	分	亿	千	百	十	万	千	百	十	元	角	分	
附件　　张		合　　计																								

会计主管：　　　　　记账：　　　　　审核：　　　　　制单：

表 1-3-22　记账凭证

年　月　日　　　　　　　　　　　　　凭证编号：

摘　要	总账科目	二级科目	明细科目	借方金额											贷方金额											√
				亿	千	百	十	万	千	百	十	元	角	分	亿	千	百	十	万	千	百	十	元	角	分	
附件　　张		合　　计																								

会计主管：　　　　　记账：　　　　　审核：　　　　　制单：

表1-3-23 记账凭证

年 月 日　　　　　　　凭证编号：

摘要	总账科目	二级科目	明细科目	借方金额										贷方金额										√
				亿	千	百	十	万	千	百	十	元	角	分	亿	千	百	十	万	千	百	十	元	角	分	
附件　张		合　计																							

会计主管：　　　记账：　　　审核：　　　制单：

表1-3-24 记账凭证

年 月 日　　　　　　　凭证编号：

摘要	总账科目	二级科目	明细科目	借方金额										贷方金额										√
				亿	千	百	十	万	千	百	十	元	角	分	亿	千	百	十	万	千	百	十	元	角	分	
附件　张		合　计																							

会计主管：　　　记账：　　　审核：　　　制单：

表 1-3-25 记账凭证

年 月 日   凭证编号:

摘 要	总账科目	二级科目	明细科目	借方金额											贷方金额											√
				亿	千	百	十	万	千	百	十	元	角	分	亿	千	百	十	万	千	百	十	元	角	分	
附件 张		合 计																								

会计主管: 记账: 审核: 制单:

表 1-3-26 记账凭证

年 月 日   凭证编号:

摘 要	总账科目	二级科目	明细科目	借方金额											贷方金额											√
				亿	千	百	十	万	千	百	十	元	角	分	亿	千	百	十	万	千	百	十	元	角	分	
附件 张		合 计																								

会计主管: 记账: 审核: 制单:

表 1 - 3 - 27　记账凭证

年　月　日　　　　　　　　　凭证编号：

摘　要	总账科目	二级科目	明细科目	借方金额											贷方金额											√
				亿	千	百	十	万	千	百	十	元	角	分	亿	千	百	十	万	千	百	十	元	角	分	
附件　　张		合　　计																								

会计主管：　　　　记账：　　　　审核：　　　　制单：

表 1 - 3 - 28　记账凭证

年　月　日　　　　　　　　　凭证编号：

摘　要	总账科目	二级科目	明细科目	借方金额											贷方金额											√
				亿	千	百	十	万	千	百	十	元	角	分	亿	千	百	十	万	千	百	十	元	角	分	
附件　　张		合　　计																								

会计主管：　　　　记账：　　　　审核：　　　　制单：

实训答案

任务一　张强的应得工资为 5 260 元;罗云的应得工资为 4 800 元。

任务二　铁铸件工作班工资分配率为 40 元/小时。

任务三　铝铸件工作班工资分配率为 2。

任务四　铸造车间生产工人应付工资合计为 95 460 元,实发金额合计为 83 985 元。

任务五　兴业重机本月应付工资总额为 549 480 元,代扣款项合计为 89 100 元,实发金额为 460 380 元。

任务六　基础班工资分配率为 5.02 元/小时,金工车间工资分配率为 28.52 元/小时,组装车间工资分配率为 24.58 元/小时。

任务七　保养班五险一金分配率为 1.16 元/吨,金工车间分配率为 9.07 元/台,组装车间分配率为 7.08 元/台。

任务八　工会经费总额为 10 989.6 元;职工教育经费总额为 5 494.80 元。

任务九　(略)

项目实训四　核算其他要素费用

实训目的

掌握折旧费、财产保险费、周转材料消耗等其他要素费用的核算。

掌握缴纳社会保险费及住房公积金的账务处理。

实训资料

一、折旧方法

根据公司的成本核算制度,公司的固定资产采用年限平均法计提折旧。

二、报刊费及财产保险费在各受益部门间均摊

三、本月发生的其他要素费用

(1)本月报刊费、保险费见表1-4-1至表1-4-5。

表1-4-1　××银行转账支票存根

支票号码 002322
附加信息＿＿＿＿＿＿＿＿
＿＿＿＿＿＿＿＿
＿＿＿＿＿＿＿＿
签发日期 20×8 年 12 月 13 日
收款人:保险公司
金　额:6 000.00
用　途:财产保险费
单位主管　　　会计:田丽华

表1-4-2　××银行转账支票存根

支票号码 002323
附加信息＿＿＿＿＿＿＿＿
＿＿＿＿＿＿＿＿
＿＿＿＿＿＿＿＿
签发日期 20×8 年 12 月 13 日
收款人:市邮电局
金　额:600.00
用　途:报纸杂志费
单位主管　　　会计:田丽华

表 1-4-3　××保险公司收据

20×8 年 12 月 13 日　　　　　　　　NO. 002101

兹收到:山东兴业重型机床制造有限公司
金额:人民币陆仟元整　　　　　　　¥6 000.00
系:财产保险费
收款单位盖章　章(略)　　　　收款人:陈阳

表 1-4-4　××邮电局

发票联　　　　　　　　NO. 002217

20×8 年 12 月 13 日

兹收到:山东兴业重型机床制造有限公司
金额:人民币陆佰元整　　　　　　　¥600.00
系:报纸杂志费
收款单位盖章　章(略)　　　　收款人:周瑞

表 1-4-5　保险、报刊费用分配表

20×8 年 12 月　　　　　　　　　　　　　　　元

部门＼项目	财产保险费	报纸杂志费	合　计
铸造车间			
金工车间			
组装车间			
供汽车间			
供电车间			
管理部门			
合　计			

(2) 本月从办公用品批发店购办公用品,款项以现金支付。见表1-4-6、表1-4-7。

表 1-4-6　商业零售发票　　　　　　　　NO. 0047707

购货单位:山东兴业重型机床制造有限公司　发票联　　　20×8 年 12 月 26 日

商品编码	商品名称	单　位	单价(元)	数　量	金额(元)
	A4 打印纸	箱	450.00	10	4 500
	打印机墨水	瓶	4.00	200	800
合计金额(大写):伍仟叁佰元整				¥5 300.00	

企业(盖章有效)　　　　　　　收款:　　　　　　　开票:

表 1-4-7 办公用品分配表

20×8 年 12 月 元

部门	用品名称	金 额	领取人
铸造车间	打印机墨水、纸	600	陈竹
金工车间	打印机墨水、纸	800	李成
组装车间	打印机墨水、纸	900	吴圆圆
供汽车间	A4 打印纸	500	陈浩
供电车间	A4 打印纸	500	廖涛
管理部门	A4 打印纸	2 000	张杰
合 计		5 300	

（3）本月固定资产折旧计提情况见表 1-4-8。

表 1-4-8 固定资产折旧提取计算表

20×8 年 12 月 30 日 元

部门 \ 项目 类别	固定资产原值	折旧 折旧率（%）	折旧额
铸造车间 房屋及建筑物	235 000	0.3	
铸造车间 机器设备	560 000	0.5	
铸造车间 小 计	795 000		
金工车间 房屋及建筑物	250 000	0.3	
金工车间 机器设备	592 000	0.5	
金工车间 小 计	842 000		
组装车间 房屋及建筑物	180 500	0.3	
组装车间 机器设备	263 000	0.5	
组装车间 小 计	443 500		
供汽车间 房屋及建筑物	152 100	0.3	
供汽车间 机器设备	361 700	0.5	
供汽车间 小 计	513 800		
供电车间 房屋及建筑物	142 200	0.3	
供电车间 机器设备	161 160	0.5	
供电车间 小 计	303 360		
厂部 房屋及建筑物	627 100	0.3	
厂部 机器设备	145 200	0.7	
厂部 小 计	772 300		
销售部门 房屋及建筑物	152 100	0.3	
合 计	3 822 060		

要点提示

一、周转材料的一次摊销法

一次摊销是指各部门在领用周转材料时,将其价值一次计入当期的成本或费用。

二、固定资产折旧的方法

在年限平均法下,应计折旧额＝固定资产原值×折旧率。

工作任务

　任务一　根据以上资料核算各项要素费用,并编制相应记账凭证(见表 1 - 4 - 9 至表 1 - 4 - 14)。

　任务二　登记相关账簿。

表 1 - 4 - 9 记账凭证

年 月 日 凭证编号：

摘 要	总账科目	二级科目	明细科目	借方金额											贷方金额											√
				亿	千	百	十	万	千	百	十	元	角	分	亿	千	百	十	万	千	百	十	元	角	分	
附件 张		合 计																								

会计主管： 记账： 审核： 制单：

表 1 - 4 - 10 记账凭证

年 月 日 凭证编号：

摘 要	总账科目	二级科目	明细科目	借方金额											贷方金额											√
				亿	千	百	十	万	千	百	十	元	角	分	亿	千	百	十	万	千	百	十	元	角	分	
附件 张		合 计																								

会计主管： 记账： 审核： 制单：

表 1 - 4 - 11　记账凭证

年　月　日　　　　　　　　　　　凭证编号：

摘　　要	总账科目	二级科目	明细科目	借方金额											贷方金额											√
				亿	千	百	十	万	千	百	十	元	角	分	亿	千	百	十	万	千	百	十	元	角	分	
附件　　张		合　　计																								

会计主管：　　　　　记账：　　　　　审核：　　　　　制单：

表 1 - 4 - 12　记账凭证

年　月　日　　　　　　　　　　　凭证编号：

摘　　要	总账科目	二级科目	明细科目	借方金额											贷方金额											√
				亿	千	百	十	万	千	百	十	元	角	分	亿	千	百	十	万	千	百	十	元	角	分	
附件　　张		合　　计																								

会计主管：　　　　　记账：　　　　　审核：　　　　　制单：

表 1 - 4 - 13 记账凭证

年 月 日 凭证编号：

摘 要	总账科目	二级科目	明细科目	借方金额										贷方金额										√
				亿	千	百	十	万	千	百	十	元	角	分	亿	千	百	十	万	千	百	十	元	角	分	
附件 张		合 计																						

会计主管： 记账： 审核： 制单：

表 1 - 4 - 14 记账凭证

年 月 日 凭证编号：

摘 要	总账科目	二级科目	明细科目	借方金额										贷方金额										√
				亿	千	百	十	万	千	百	十	元	角	分	亿	千	百	十	万	千	百	十	元	角	分	
附件 张		合 计																						

会计主管： 记账： 审核： 制单：

实训答案

任务一 （略）

任务二 （略）

项目实训五　核算辅助生产费用

实训目的

掌握辅助生产费用的分配方法；

掌握辅助生产费用分配的账务处理。

实训资料

一、辅助生产费用的分配方法

根据公司的成本核算制度,公司采用交互分配法分配辅助生产费用。基本生产成本明细账没有设置"燃料及动力"成本项目,所发生的汽、电费登记在"直接材料"成本项目下。

二、各辅助生产车间劳务供应情况(见表1-5-1)

表1-5-1　辅助生产车间供应劳务受益情况汇兑表

20×8年12月

受益对象	辅助生产车间	供汽车间（立方米）	供电车间（度）
供汽车间			2 000
供电车间		1 350	
铸造车间	铁铸件	2 130	4 500
	铝铸件		4 500
	一般消耗	470	500
金工车间	铣床	1 115	25 149
	镗床	1 000	20 000
	一般消耗		400
组装车间	铣床	1 755	8 000
	镗床	1 000	7 000
	一般消耗	400	368
企业管理部门			100.4
销售部门			100
合　计		9 220	72 617.4

要点提示

交互分配法

交互分配法需分两次进行。第一次交互分配又称为对内分配,是指辅助生产车间相互之间的分配。

$$某辅助生产车间费用交互分配率 = \frac{该车间本月生产费用合计}{该车间提供的产品总量}$$

$$其他辅助生产车间承担的辅助生产费用 = 其他辅助生产车间消耗该车间的产品数量 \times 该车间辅助生产费用交互分配率$$

第二次对外分配即将交互分配后的费用分配给辅助生产车间以外的受益对象。

$$某辅助生产车间交互分配后的费用 = 该车间交互分配前的费用 + 交互分配转入的辅助生产费用 - 交互分配转出的辅助生产费用$$

$$某辅助生产车间费用对外分配率 = \frac{该车间交互分配后的费用}{该车间提供的产品总量 - 其他辅助生产车间消耗的产品数量}$$

$$某受益对象承担的某车间辅助生产费用 = 该受益对象消耗的产品或劳务量 \times 该车间辅助生产费用对外分配率$$

工作任务

任务一　分成本项目计算供汽车间、供电车间本月生产费用总额（在其明细账中完成，费用总额抄到以下空白处）。

任务二　采用交互分配法分配供汽车间及供电车间的生产费用（见表 1－5－2），并编制相关记账凭证（见表 1－5－3 至表 1－5－6）（分配率保留四位小数，金额保留两位小数）。

表 1－5－2　辅助生产费用分配表

20×8 年 12 月

部　门		成本或费用项目	供汽车间（方）			供电车间（度）		
			数量	分配率	金额	数量	分配率	金额
本月费用总额								
交互分配：								
供汽车间								
供电车间								
交互分配后的费用								
对外分配：								
铸造	铁铸件	燃料及动力						
	铝铸件	燃料及动力						
	一般消耗	汽费、电费						
金工	铣　床	燃料及动力						
	镗　床	燃料及动力						
	一般消耗	汽费、电费						
组装	铣　床	燃料及动力						
	镗　床	燃料及动力						
	一般消耗	汽费、电费						
管理部门		汽费、电费						
销售部门		汽费、电费						
合　计								

表 1 - 5 - 3 记账凭证

年 月 日　　　　　　　凭证编号:

摘 要	总账科目	二级科目	明细科目	借方金额											贷方金额											√
				亿	千	百	十	万	千	百	十	元	角	分	亿	千	百	十	万	千	百	十	元	角	分	
附件　张		合　计																								

会计主管:　　　　记账:　　　　审核:　　　　制单:

表 1 - 5 - 4 记账凭证

年 月 日　　　　　　　凭证编号:

摘 要	总账科目	二级科目	明细科目	借方金额											贷方金额											√
				亿	千	百	十	万	千	百	十	元	角	分	亿	千	百	十	万	千	百	十	元	角	分	
附件　张		合　计																								

会计主管:　　　　记账:　　　　审核:　　　　制单:

表 1-5-5　记账凭证

年　月　日　　　　　　　　　　　凭证编号:

摘　要	总账科目	二级科目	明细科目	借方金额											贷方金额											√
				亿	千	百	十	万	千	百	十	元	角	分	亿	千	百	十	万	千	百	十	元	角	分	
附件　　张		合　　计																								

会计主管:　　　　记账:　　　　审核:　　　　制单:

表 1-5-6　记账凭证

年　月　日　　　　　　　　　　　凭证编号:

摘　要	总账科目	二级科目	明细科目	借方金额											贷方金额											√
				亿	千	百	十	万	千	百	十	元	角	分	亿	千	百	十	万	千	百	十	元	角	分	
附件　　张		合　　计																								

会计主管:　　　　记账:　　　　审核:　　　　制单:

任务三　登记相关账簿,交互分配中,供汽、供电车间的借方金额用红笔登记在其明细账的贷方。

实训答案

任务一 供汽车间费用总额为 92 579.80 元；供电车间费用总额为 72 617.40 元。

任务二 供汽车间交互分配率为 10.041 2 元/方，供电车间交互分配率为 1 元/度；供汽车间交互分配后的费用为 81 024.18 元，供电车间交互分配后的费用为 84 173.02 元。供汽车间对外分配率为 10.295 3 元/方，供电车间对外分配率为 1.192 0 元/度。

任务三（略）

项目实训六　核算基本生产车间的制造费用

实训目的

掌握制造费用的分配方法;

掌握制造费用分配的账务处理。

实训资料

制造费用的分配方法:根据公司的成本核算制度,公司采用生产工时比例法分配铸造车间和金工车间的制造费用,而组装车间的制造费用采用生产工人工资比例分配法分配。生产工时见表 1-3-4。

要点提示

费用分配的一般步骤及公式如下。

(1)选择适当的分配标准。

(2)计算费用分配率。

$$费用分配率=待分配费用总额÷各受益对象分配标准之和$$

(3)计算各受益对象分摊的费用。

$$各受益对象所承担的费用=该受益对象的分配标准×费用分配率$$

工作任务

任务一　计算各基本生产车间制造费用的合计数,确定各基本生产车间本月制造费用总额。

任务二　将各车间的制造费用按产品的生产工时和生产工人工资进行分配,计入各产品成本,见表 1-6-1 至表 1-6-3(分配率保留四位小数,金额保留两位小数)。

任务三　编制分配制造费用的记账凭证(见表 1-6-4 至表 1-6-6)。

任务四　登记相关账簿。

表 1-6-1　制造费用分配表

铸造车间　　　　　　　　　　　　　　20×8 年 12 月　　　　　　　　　　　　　　元

产品＼项目	生产工时	分配率	分配金额
铁铸件			
铝铸件			
合　计			

表 1 - 6 - 2　制造费用分配表

金工车间　　　　　　　　　　　　　　　　20×8 年 12 月　　　　　　　　　　　　　　　　元

项目 产品	生产工时	分配率	分配金额
铣床			
镗床			
合　计			

表 1 - 6 - 3　制造费用分配表

组装车间　　　　　　　　　　　　　　　　20×8 年 12 月　　　　　　　　　　　　　　　　元

项目 产品	生产工人工资	分配率	分配金额
铣床			
镗床			
合　计			

表 1 - 6 - 4　记账凭证

年　月　日　　　　　　　　　　　凭证编号：

摘　要	总账科目	二级科目	明细科目	借方金额 亿千百十万千百十元角分	贷方金额 亿千百十万千百十元角分	√
附件　　张		合　计				

会计主管：　　　　记账：　　　　审核：　　　　制单：

表 1 - 6 - 5　记账凭证

年　月　日　　　　　　　　　　　　凭证编号：

摘　要	总账科目	二级科目	明细科目	借方金额											贷方金额											√
				亿	千	百	十	万	千	百	十	元	角	分	亿	千	百	十	万	千	百	十	元	角	分	
附件　张		合　计																								

会计主管：　　　　　记账：　　　　　审核：　　　　　制单：

表 1 - 6 - 6　记账凭证

年　月　日　　　　　　　　　　　　凭证编号：

摘　要	总账科目	二级科目	明细科目	借方金额											贷方金额											√
				亿	千	百	十	万	千	百	十	元	角	分	亿	千	百	十	万	千	百	十	元	角	分	
附件　张		合　计																								

会计主管：　　　　　记账：　　　　　审核：　　　　　制单：

实训答数

任务一　（略）

任务二　铸造车间制造分配率 14.308 7 元/小时；金工车间制造费用分配率为 7.745 3 元/小时；组装车间制造费用分配率为 0.353 2 元/小时。

任务三　（略）

任务四　（略）

项目实训七　核算损失性费用

实训目的

掌握不可修复废品损失的核算；

掌握可修复废品损失的核算。

实训资料

一、不可修复废品成本的计算方法

生产费用在合格品与废品之间分配时,不同成本项目应该采用不同的方法。直接材料成本项目按产品数量分配,加工费用按生产工时分配。

二、废品净损失的处理

废品净损失由本期同种完工合格产品承担。

三、本月可修复废品和不可修复废品情况（见表1-7-1至表1-7-7）

表1-7-1　废品通知单

组装车间　　　　　　　　　　　　　20×8年12月

产品名称	计量单位	单位完工产品工时定额	加工程度	废品数量	备 注
镗床	台	20	50%	5	可修复废品

表1-7-2　废品通知单

铸造车间铁铸件工作班　　　　　　　20×8年12月

产品名称	计量单位	单位完工产品工时定额	加工程度	废品数量	备 注
铁铸件	吨	40	50%	3	不可修复废品;属于工废品

表1-7-3　废品损失赔偿通知单

产品名称:铁铸件　　　　　　　　　20×8年12月　　　　　　　　　元

责任人	赔偿金额	备 注
刘明	150	经查刘明、李成为主要责任人,属责任赔偿
李成	150	

表1-7-4　工资通知单

财务处:　　　　　　　　　　　　　20×8年12月　　　　　　　　　元

部门	产品名称	产品数量	计件单价	合 计	备 注
组装车间	镗床	5	160	800	修复废品

表 1-7-5　兴业重机入库单

仓库：　　　　　　　　　　　　　20×8 年 12 月 20 日　　　　　　　　　　　编号：

材料编号	材料类别	材料名称	计量单位	数量	单价(元)	金额(元)
其他	残料	铁铸件	吨	0.5	1 200	600

供应单位：铁铸件工作班　　　　　保管员：李小明　　　　　　　　收料人：李小明

表 1-7-6　兴业重机领料单

领料部门：组装车间—镗床　　　20×8 年 12 月 20 日　　　　　　　　　编号：
仓库：

材料类别	材料编号	材料名称	计量单位	数量	单价	金额	用途
外购件	302	轴承	套	5	150	750	修复废品

供应单位：　　　　　　　　　　保管员：李小明　　　　　　　　　领料人：刘凤

表 1-7-7　兴业重机领料单

领料部门：组装车间—镗床　　　20×8 年 12 月 20 日　　　　　　　　　编号：
仓库：

材料类别	材料编号	材料名称	计量单位	数量	单价	金额	用途
外购件	303	电器元件	套	1	456	456	修复废品

供应单位：　　　　　　　　　　保管员：李小明　　　　　　　　　领料人：刘凤

要点提示

一、废品净损失的计算

不可修复废品净损失＝废品所耗生产成本－残料价值－赔偿金额

可修复废品净损失＝修复费用－残料价值－赔偿金额

二、分配率保留两位小数，金额保留两位小数。

工作任务

任务一 计算不可修复废品损失,见表1-7-8,并编制相关记账凭证(见表1-7-9至表1-7-13)。

任务二 计算可修复废品损失,并编制相关记账凭证(见表1-7-9至表1-7-13)。

任务三 登记相关账簿。

表1-7-8 废品损失计算表

铸造车间——铁铸件 20×8年12月 元

项 目	数量(吨)	直接材料	燃料及动力	生产工时(小时)	直接人工	制造费用	合 计
总额(总量)							
分配率							
废品成本(数量)							
减:残料							
减:赔款							
废品损失							

表1-7-9 记账凭证

年 月 日 凭证编号:

摘 要	总账科目	二级科目	明细科目	借方金额										贷方金额										√
				亿	千	百	十	万	千	百	十	元	角	分	亿	千	百	十	万	千	百	十	元	角	分	
附件 张		合 计																								

会计主管: 记账: 审核: 制单:

表 1-7-10　记账凭证

年　月　日　　　　　　　　　　　凭证编号：

摘　要	总账科目	二级科目	明细科目	借方金额										贷方金额										√
				亿	千	百	十	万	千	百	十	元	角	分	亿	千	百	十	万	千	百	十	元	角	分	
附件　张		合　计																								

会计主管：　　　　　记账：　　　　　审核：　　　　　制单：

表 1-7-11　记账凭证

年　月　日　　　　　　　　　　　凭证编号：

摘　要	总账科目	二级科目	明细科目	借方金额										贷方金额										√
				亿	千	百	十	万	千	百	十	元	角	分	亿	千	百	十	万	千	百	十	元	角	分	
附件　张		合　计																								

会计主管：　　　　　记账：　　　　　审核：　　　　　制单：

表 1-7-12 记账凭证

年 月 日 凭证编号:

摘 要	总账科目	二级科目	明细科目	借方金额											贷方金额											√
				亿	千	百	十	万	千	百	十	元	角	分	亿	千	百	十	万	千	百	十	元	角	分	
附件 张		合 计																								

会计主管: 记账: 审核: 制单:

表 1-7-13 记账凭证

年 月 日 凭证编号:

摘 要	总账科目	二级科目	明细科目	借方金额											贷方金额											√
				亿	千	百	十	万	千	百	十	元	角	分	亿	千	百	十	万	千	百	十	元	角	分	
附件 张		合 计																								

会计主管: 记账: 审核: 制单:

实训答案

铁铸件直接材料分配率为 3 300 元/吨,燃料及动力分配率为 20.37 元/吨,制造费用分配率为 14.31 元/工时,废品净损失为 11 080.8 元。组装车间镗床废品净损失为 2 006 元。

项目实训八　计算完工产品、在产品成本

实训目的

能够用约当产量法计算完工产品和在产品成本；
掌握逐步综合结转分步法及分项结转分步法的运用。

实训资料

一、完工产品、在产品成本计算方法

公司采用约当产量法计算完工产品和在产品成本。

二、产品完工情况

本月铁铸件和铝铸件全部完工；金工车间铣床完工 30 台，月末在产品 6 台，镗床完工 36 台，月末在产品 4 台；组装车间铣床完工 26 台，月末在产品 4 台，镗床完工 30 台，月末在产品 4 台。

三、半成品成本结转方法

根据产品成本核算制度，铸造车间铁铸件、铝铸件完工后应转入到自制半成品库；金工车间生产完工的铣床和镗床的成本按分项结转分步法转入到组装车间成本明细账。

要点提示

一、约当产量比例法的计算过程

1. 分配直接材料费用
(1) 计算投料程度及在产品约当产量。

$$投料程度 = \frac{单位在产品已经投入的材料定额}{单位完工产品应该投入的材料总定额} \times 100\%$$

$$在产品约当产量 = 在产品产量 \times 在产品的投料程度$$

(2) 计算直接材料费用分配率。

$$直接材料费用分配率 = \frac{直接材料费用总额}{完工产品产量 + 在产品约当产量}$$

$$完工产品承担的直接材料费 = 完工产品产量 \times 直接材料费用分配率$$
$$在产品承担的直接材料费 = 在产品约当产量 \times 直接材料费用分配率$$
$$或 = 直接材料费用总额 - 完工产品承担的直接材料费$$

2. 分配加工费用
加工费用一般包括人工费用、制造费用、燃料及动力。
(1) 计算加工程度及在产品约当产量。

$$加工程度＝\frac{单位在产品已经消耗的工时定额}{单位完工产品应该消耗的工时总定额}×100\%$$

$$在产品约当产量＝在产品产量×在产品的加工程度$$

（2）计算加工费用分配率，加工费用通常包括直接人工、制造费用、燃料及动力等。

$$直接人工费用分配率＝\frac{直接人工费用总额}{完工产品产量＋在产品约当产量}$$

$$完工产品承担的直接人工费用＝完工产品产量×直接人工费用分配率$$

$$在产品承担的加工费＝在产品约当产量×加工费用分配率$$

$$或＝人工费用总额－完工产品承担的人工费用$$

制造费用与燃料及动力费用的分配与直接人工费用相同。

3. 计算完工产品与在产品成本

$$完工产品成本＝完工产品承担的直接材料费＋完工产品承担的各项加工费$$

$$在产品成本＝在产品承担的直接材料费＋在产品承担的各项加工费$$

约当产量比例法主要适用于月末在产品数量较大而且各月在产品数量变化也较大，原材料费用和加工费用占产品成本的比重相差不多的产品成本的计算。

二、分配率保留两位小数，金额保留两位小数。

工作任务

任务一 计算铁铸件与铝铸件的生产成本,并编制结转完工产品成本的记账凭证(单位成本保留两位小数),见表1-8-1至表1-8-3。

表1-8-1 自制半成品成本计算单   完工产品:67吨

车间:铸造车间——铁铸件   20×8年12月   单位:元

成本项目	总成本	单位成本
直接材料		
燃料及动力		
直接人工		
制造费用		
废品损失		
合　计		

表1-8-2 自制半成品成本计算单   完工产品:3吨

车间:铸造车间——铝铸件   20×8年12月   单位:元

成本项目	总成本	单位成本
直接材料		
燃料及动力		
直接人工		
制造费用		
废品损失		
合　计		

表1-8-3　记账凭证

年　月　日　　　　　　　　　　凭证编号：

摘　要	总账科目	二级科目	明细科目	借方金额											贷方金额											√
				亿	千	百	十	万	千	百	十	元	角	分	亿	千	百	十	万	千	百	十	元	角	分	
附件　　张		合　　　计																								

会计主管：　　　　　记账：　　　　　审核：　　　　　制单：

　　任务二　计算金工车间完工产品和月末在产品的生产成本，并编制结转完工产品成本的记账凭证（单位成本保留两位小数，尾数由在产品承担），见表1-8-4至表1-8-6。

表1-8-4　产品成本计算单

车间：金工车间——铣床

20×8年12月

完工产品：30　在产品：6　元

项　目	月初在产品成本	本月生产费用	合　计	完工产品数量	生产量（台）在产品 数量	完工程度	约当产量	合　计	单位产品成本	在产品成本	完工产品成本
直接材料											
燃料及动力											
直接人工											
制造费用											
废品损失											
合　计											

表1-8-5　产品成本计算单

车间：金工车间——镗床

20×8年12月

完工产品：36　在产品：4　元

项　目	月初在产品成本	本月生产费用	合　计	完工产品数量	生产量（台）在产品 数量	完工程度	约当产量	合　计	单位产品成本	在产品成本	完工产品成本
直接材料											
燃料及动力											
直接人工											
制造费用											
废品损失											
合　计											

表 1-8-6 记账凭证

年 月 日 凭证编号：

摘 要	总账科目	二级科目	明细科目	借方金额											贷方金额											√
				亿	千	百	十	万	千	百	十	元	角	分	亿	千	百	十	万	千	百	十	元	角	分	
附件 张	合 计																									

会计主管： 记账： 审核： 制单：

任务三 计算组装车间完工产品和月末在产品的生产成本，并编制结转完工产品成本的记账凭证（单位成本保留两位小数，尾数由在产品承担），见表1-8-7和表1-8-9。

表1-8-7 产品成本计算单

车间:组装车间——铣床

20×8年12月

完工产品:26
在产品:4

单位:元

项 目	成本项目				生产量(台)				单位产品成本	在产品成本	完工产品成本
	月初在产品成本	上步骤转来半成品	本月生产费用	合 计	完工产品数量	在产品		合 计			
						数量	完工程度	约当产量				
直接材料											
燃料及动力											
直接人工											
制造费用											
废品损失											
合 计											

表1-8-8 产品成本计算单

车间:组装车间——镗床

20×8年12月

完工产品:30
在产品:4

单位:元

项 目	成本项目				生产量(台)				单位产品成本	在产品成本	完工产品成本
	月初在产品成本	上步骤转来半成品	本月生产费用	合 计	完工产品数量	在产品		合 计			
						数量	完工程度	约当产量				
直接材料											
燃料及动力											
直接人工											
制造费用											
废品损失											
合 计											

表 1-8-9　记账凭证

年　月　日　　　　　　　　　　　凭证编号：

摘　要	总账科目	二级科目	明细科目	借方金额											贷方金额											√
				亿	千	百	十	万	千	百	十	元	角	分	亿	千	百	十	万	千	百	十	元	角	分	
附件　　张		合　计																								

会计主管：　　　　记账：　　　　审核：　　　　制单：

任务三　登记相关账簿，见项目实训一。

实训答案

任务一　铁铸件完工产品总成本为 353 942.66 元，其中直接材料 221 100 元，直接人工 77 376.01 元，燃料及动力 26 070.79 元，制造费用 18 315.06 元，废品损失为 11 080.8 元，单位成本为 5 282.74 元/吨；

铝铸件完工产品总成本为 74 675.32，其中直接材料为 19 100 元，直接人工 40 710.29 元，燃料及动力 5 364 元，制造费用为 9 501.03 元，单位成本为 24 891.78 元/吨。

任务二　金工车间铣床完工产品总成本为 295 553.4 元，其中直接材料为 170 300.1 元，直接人工为 71 473.8 元，燃料及动力 38 597.1 元，制造费用 15 182.4 元；单位成本为 9 851.78 元/台；

金工车间镗床完工产品总成本为 382 227.84 元，其中直接材料为 251 361 元，直接人工 78 808.32 元，燃料及动力 34 233.48 元，制造费用为 17 825.04 元，单位成本为 10 617.44 元/台。

任务三　组装车间铣床完工产品成本为 588 447.08 元，其中直接材料为 344 397.3 元，直接人工为 143 978.9 元，燃料及动力为 63 329.76 元，制造费用为 36 741.12 元，单位成本为 19 299.25 元/台；

镗床完工产品总成本为 697 233.5 元，其中直接材料为 459 802.5 元，直接人工为 142 976.4 元，燃料及动力 53 318.1 元，制造费用 39 130.5 元，废品损失为 2 006 元，单位成本为 23 241.12 元/台。

任务四　略。

项目实训九　编制成本报表

实训目的

了解成本报表的编制依据；

了解成本报表的编制程序；

掌握各种成本报表的编制方法；

能够编制各种成本报表。

实训资料

一、组装车间铣床与镗床的单位成本资料见表1-9-1。

表1-9-1　产品单位成本资料

单位:元

成本项目	历史先进水平		上年实际		本年计划		1—11月累计实际平均	
	铣床	镗床	铣床	镗床	铣床	镗床	铣床	镗床
直接材料	13 000	15 000	13 010	15 400	13 000	15 000	13 100	15 400
直接人工	5 000	4 500	5 210	4 900	5 000	4 500	5 050	4 400
制造费用	1 000	1 200	1 100	1 300	1 000	1 200	1 050	1 250
燃料及动力	2 300	1 500	2 350	1 700	2 300	1 500	2 250	1 700
废品损失	0	0	0	0	0	0	0	66.87
合计	21 300	22 200	21 670	23 300	21 300	22 200	21 450	22 816.87

二、铸造车间制造费用资料见表1-9-2。

表1-9-2　制造费用资料

车间:铸造车间

单位:元

项　目	本年各月计划数	上年同期实际	1—11月累计实际
间接材料	5 500	5 800	55 000
间接人工	11 000	11 500	138 791.4
报刊保险费	1 100	1 100	12 100
办公费	600	690	6 600
折旧费	3 000	3 488	38 555
汽费	4 700	4 800	51 700
电费	550	598	6 050
租赁费	2 000	2 100	15 000
设计制图费	2 000	1 980	
试验检验费	3 000	3 000	9 000
其他	500	500	4 800
合计	33 950	35 556	337 596.4

工作任务

任务一 假设1—11月组装车间铣床累计实际产量为280台,镗床累计实际产量为320台。根据表1-9-1产品单位成本资料,以及前面各项目实训提供的数据,编制组装车间铣床和镗床的主要产品单位成本表,见表1-9-3、表1-9-4。

表1-9-3 主要产品单位成本表

20×8年12月

单位名称:

产品名称:铣床　　　　　　　　　　　　　　　　本月计划产量:24

产品规格:　　　　　　　　　　　　　　　　　　本月实际产量:26

计量单位:台　　　　　　　　　　　　　　　　　本年累计计划产量:288

产品销售单价:　　　　　　　　　　　　　　　　本年累计实际产量:

单位:元

成本项目	历史先进水平	上年实际	本年计划	本月实际	本年累计实际平均
直接材料					
直接人工					
制造费用					
燃料及动力					
废品损失					
生产成本					

表1-9-4 主要产品单位成本表

20×8年12月

单位名称:

产品名称:镗床　　　　　　　　　　　　　　　　本月计划产量:30

产品规格:　　　　　　　　　　　　　　　　　　本月实际产量:30

计量单位:台　　　　　　　　　　　　　　　　　本年累计计划产量:360

产品销售单价:　　　　　　　　　　　　　　　　本年累计实际产量:

单位:元

成本项目	历史先进水平	上年实际	本年计划	本月实际	本年累计实际平均
直接材料					
直接人工					
制造费用					
废品损失					
燃料及动力					
生产成本					

任务二 根据表1-9-2制造费用资料,以及前面各项目实训提供的数据,编制铸造车间制造费用明细表,见表1-9-5。

表 1-9-5　制造费用明细表

单位名称：　　　　　　　　　　20×8 年 12 月　　　　　　　　　　　单位:元

项　目	本年各月计划	上年同期实际	本月实际	本年累计实际
间接材料				
间接人工				
报刊保险费				
办公费				
折旧费				
汽　费				
电　费				
租赁费				
设计制图费				
试验检验费				
其　他				
合　计				

实训答案

任务一　（略）

任务二　（略）

项目实训十　分析成本报表

实训目的

掌握比较分析法、比率分析法等各种成本分析方法；

能够用各种成本分析方法对成本进行分析，为管理者提供决策依据。

实训资料

组装车间各产品本年计划产量及实际产量见项目实训九表 1-9-3、表 1-9-4"主要产品单位成本表"。

组装车间各产品单位成本见项目实训九表 1-9-1"产品单位成本资料"。

铸造车间制造费用相关资料见项目实训九表 1-9-2"制造费用资料"及表 1-9-5"制造费用明细表"。

要点提示

一、成本计划完成情况分析

成本计划完成情况分析是指以实际总成本与计划总成本进行比较，以确定其实际成本降低额及降低率。

$$成本降低额＝计划总成本－实际总成本$$

$$计划总成本＝\sum（各产品实际产量×各该产品计划单位成本）$$

$$成本降低率＝\frac{成本降低额}{全部产品计划总成本}×100\%$$

二、可比产品成本降低任务的完成情况分析

可比产品的实际成本还应与实际产量按上年实际平均单位成本计算的总成本进行比较，以确定可比产品实际成本较上年实际成本的降低额和降低率，且与成本计划中所确定的计划降低额和降低率比较，进而考察可比产品成本降低任务的完成情况。

$$计划降低额＝计划产量×（上年实际平均单位成本－本年计划单位成本）$$

$$计划降低率＝计划降低额÷（计划产量×上年实际平均单位成本）×100\%$$

$$实际降低额＝实际产量×（上年实际平均单位成本－本年实际单位成本）$$

$$实际降低率＝实际降低额÷（实际产量×上年实际平均单位成本）×100\%$$

工作任务

任务一　采用比较分析法分析本年组装车间铣床的成本计划完成情况。

任务二　采用比较分析法分析本年组装车间镗床的成本降低计划完成情况。

任务三　采用比率分析法分析本月铸造车间制造费用的构成情况，及其与上年同期相比

的变动情况。

任务四　写一份简短的分析报告,不要求固定格式。

实训答案

任务一　(略)

任务二　(略)

任务三　(略)

任务四　(略)

模块二 综合实训

综合实训一 利用品种法计算产品成本

实训目的

巩固模块一的理论知识;

能够综合运用模块一的知识,利用品种法计算产品成本。

实训资料

华中公司为大量大批单步骤生产型企业,该公司生产甲、乙两种产品,公司设有一个基本生产车间和供电、锅炉两个辅助生产车间。

公司设置"燃料及动力"成本项目,用以登记汽、电费。

20×8年9月相关成本资料见表2-1-1至表2-1-8。

表 2-1-1 月初在产品成本

20×8年9月1日 元

产品名称	直接材料	燃料及动力	直接人工	制造费用	合 计
甲产品	5 900	1 800	1 512	1 607.40	10 819.40
乙产品	3 600	1 100	808	421.60	5 929.60

表 2-1-2 产量及工时消耗资料

20×8年9月 件

产品名称	月初在产品数量	完工产品数量	月末在产品数量	消耗工时(小时)
甲产品	120	800	200	6 000
乙产品	60	500	100	4 000
合 计	180	1 300		10 000

表 2-1-3 辅助生产车间劳务数量通知单

20×8年9月1日

耗用部门	基本生产车间产品	基本生产车间	管理部门	供电车间	锅炉车间	合 计
供电车间(度)	200 000	25 200	60 000		14 800	300 000
锅炉车间(立方米)		10 000	1 912	1 588		13 500

表 2 - 1 - 4　发出材料汇总表

名称:原材料　　　　　　　　　　　　　20×8 年 9 月　　　　　　　　　　　　　元

耗用部门	直接耗用	共同耗用	合计
产品生产耗用	250 000	56 000	306 000
其中:甲产品	200 000		200 000
乙产品	50 000		50 000
生产车间一般耗用	5 000		5 000
供电车间耗用	60 000		60 000
锅炉车间耗用	13 000		13 000
企业管理部门耗用	6 000		6 000
合　计	334 000	56 000	390 000

表 2 - 1 - 5　人工费用结算汇总表

20×8 年 9 月　　　　　　　　　　　　　元

人员类别	费用金额
产品生产工人	309 000
供电车间人员	12 880
锅炉车间人员	14 660
生产车间技术人员	9 280
企业管理部门人员	32 400
合　计	378 220

表 2 - 1 - 6　固定资产折旧提取情况表

20×8 年 9 月　　　　　　　　　　　　　元

部　门		月初应计提折旧固定资产原值	折　旧	
			折旧率(%)	折旧额
基本生产车间	房屋及建筑物	600 000	0.30	
	机器设备	564 000	0.50	
	小　计	1 164 000		
辅助生产车间	供电车间	房屋及建筑物	500 000	0.30	
		机器设备	840 000	0.50	
		小　计	1 340 000		
	锅炉车间	房屋及建筑物	600 000	0.30	
		机器设备	440 000	0.50	
		小　计	1 040 000		

（续表）

部　门		月初应计提折旧固定资产原值	折　旧	
			折旧率（%）	折旧额
管理部门	房屋及建筑物	1 400 000	0.30	
	机器设备	960 000	0.50	
	小　计	2 360 000		
合　计		5 904 000		

表 2-1-7　办公费用分配表

20×8 年 9 月　　　　　　　　　　　　　　　元

费用项目	基本生产车间	辅助生产车间		管理部门	合　计
		供电	锅炉		
办公费	1 000	1 200	800	2 000	5 000

表 2-1-8　水费分配表

20×8 年 9 月　　　　　　　　　　　　　　　元

费用项目	基本生产车间	辅助生产车间		管理部门	合　计
		供电	锅炉		
水费	2 200	32 000	24 000	1 800	60 000

要点提示

分配率保留两位小数，金额保留两位小数。

工作任务

任务一　设置基本生产成本明细账，设直接材料、直接人工、制造费用、燃料及动力四个成本项目；设置辅助生产成本明细账、基本生产车间的制造费用明细账、管理费用明细账。

任务二　根据表 2-1-4 分配材料费用，其中共同耗用材料按直接耗用材料金额分配；填制分配材料费用的记账凭证，并登记相关账簿（材料费用分配情况见表 2-1-9）。

表 2-1-9　材料费用分配汇总表

20×8 年 9 月　　　　　　　　　　　　　　　元

领料部门			直接计入	分配率	分配计入	合　计
基本生产车间	生产产品	甲产品				
		乙产品				
		小　计				
	一般耗用					
辅助生产车间	供电					
	锅炉					
管理部门						
合　计						

任务三 根据表 2-1-5,分配人工费用,填制分配人工费用的记账凭证(见表 2-1-22 至表 2-1-30),并登记相关账簿(人工费用分配表见表 2-1-10)。

表 2-1-10 人工费用分配汇总表

20×8 年 9 月
元

		生产工时	应付职工薪酬	
			分配率	分配额
基本生产车间	甲产品			
	乙产品			
	小 计			
制造费用	基本生产车间			
辅助生产成本	供电			
	锅炉			
管理费用				
合 计				

任务四 根据表 2-1-6 至表 2-1-8,分配其他要素费用,填制分配费用的记账凭证(见表 2-1-22 至表 2-1-30),并登记相关账簿。

任务五 根据表 2-1-3 以及辅助生产成本明细账,采用直接分配法分配供电与锅炉车间的辅助生产费用,填制分配辅助生产费用的记账凭证(见表 2-1-22 至表 2-1-30),并登记相关账簿(相关分配表见表 2-1-11、表 2-1-12)。

表 2-1-11 产品生产用电分配表

20×8 年 9 月
度

产品名称	生产工时(小时)	分配率	分配数量
甲产品			
乙产品			
合 计			

表 2-1-12 辅助生产费用分配表

20×8 年 9 月
元

辅助生产车间名称	供电车间	锅炉车间	金额合计
待分配费用			
对外提供劳务数量			
费用分配率			

（续表）

辅助生产车间名称				供电车间	锅炉车间	金额合计
基本生产车间	生产耗用	甲产品	数量			
			金额			
		乙产品	数量			
			金额			
		小　计	数量			
			金额			
	一般耗用		数量			
			金额			
管理部门			数量			
			金额			
分配费用合计						

任务六　归集并分配基本生产车间的制造费用,采用生产工时比例法进行分配,填制分配费用的记账凭证(见表 2-1-22 至表 2-1-30),并登记相关账簿(制造费用分配表见表 2-1-13)。

表 2-1-13　制造费用分配表
20×8 年 9 月　　　　　　　　　　　　元

产品名称	生产工时	分配率	分配额
甲产品			
乙产品			
合　计			

任务七　根据甲、乙产品成本明细账归集的生产费用,计算甲、乙产品完工产品和月末在产品成本。生产费用在完工产品和在产品之间分配采用约当产量比例法,甲、乙产品的原材料均在生产开始时一次性投入,月末在产品的加工程度为 50%,填制结转完工产品的记账凭证,并登记相关账簿(相关表格见表 2-1-14 至表 2-1-30)。注:尾数由在产品承担。

表 2－1－14　完工产品与在产品成本计算单

产品名称：甲产品　　　　　　　　　　　　　　20×8 年 9 月　　　　　　　　　　　　　　元

项　目	成本项目			生产量（台）					单位产品成本	在产品成本	完工产品成本
	月初在产品成本	本月生产费用	合　计	完工产品数量	在产品			合　计			
					数量	完工程度	约当产量				
直接材料											
直接人工											
制造费用											
燃料及动力											
合　计											

表 2－1－15　完工产品与在产品成本计算单

产品名称：乙产品　　　　　　　　　　　　　　20×8 年 9 月　　　　　　　　　　　　　　元

项　目	成本项目			生产量（台）					单位产品成本	在产品成本	完工产品成本
	月初在产品成本	本月生产费用	合　计	完工产品数量	在产品			合　计			
					数量	完工程度	约当产量				
直接材料											
直接人工											
制造费用											
燃料及动力											
合　计											

表 2 - 1 - 16　基本生产成本明细账

产品名称：

20×8年		凭证编号	摘　要	借　方				贷方	余额
月	日						合计		

表 2－1－17　基本生产成本明细账

产品名称：

20×8年		凭证编号	摘　要	借　方			贷方	余额
月	日					合计		

表 2－1－18 辅助生产成本明细账

车间名称:

20×8年		凭证编号	摘　要	借　方			贷方	余额
月	日					合计		

表 2－1－19　辅助生产成本明细账

车间名称：

20×8年		凭证编号	摘　要	借　方			贷方	余额
月	日					合计		

表 2 - 1 - 20　制造费用明细账

车间名称：

20×8年		凭证字号	摘　要	借　方						贷方	余额
月	日										

表 2－1－21　管理费用明细账

20×8年		凭证字号	摘　要	借　方								贷方	余额
月	日												

表 2 - 1 - 22 记账凭证

年 月 日 　　　　　　凭证编号：

摘 要	总账科目	二级科目	明细科目	借方金额	贷方金额	√
				亿千百十万千百十元角分	亿千百十万千百十元角分	
附件 张		合 计				

会计主管：　　　　记账：　　　　审核：　　　　制单：

表 2 - 1 - 23 记账凭证

年 月 日 　　　　　　凭证编号：

摘 要	总账科目	二级科目	明细科目	借方金额	贷方金额	√
				亿千百十万千百十元角分	亿千百十万千百十元角分	
附件 张		合 计				

会计主管：　　　　记账：　　　　审核：　　　　制单：

表 2-1-24 记账凭证

年 月 日　　　　　　凭证编号：

摘 要	总账科目	二级科目	明细科目	借方金额	贷方金额	√
				亿千百十万千百十元角分	亿千百十万千百十元角分	
附件　张		合　计				

会计主管：　　　　记账：　　　　审核：　　　　制单：

表 2-1-25 记账凭证

年 月 日　　　　　　凭证编号：

摘 要	总账科目	二级科目	明细科目	借方金额	贷方金额	√
				亿千百十万千百十元角分	亿千百十万千百十元角分	
附件　张		合　计				

会计主管：　　　　记账：　　　　审核：　　　　制单：

表 2-1-26 记账凭证

年 月 日　　　　　　凭证编号：

摘 要	总账科目	二级科目	明细科目	借方金额	贷方金额	√
				亿千百十万千百十元角分	亿千百十万千百十元角分	
附件　张		合　计				

会计主管：　　　　记账：　　　　审核：　　　　制单：

表 2-1-27 记账凭证

年 月 日 凭证编号：

摘 要	总账科目	二级科目	明细科目	借方金额											贷方金额											√
				亿	千	百	十	万	千	百	十	元	角	分	亿	千	百	十	万	千	百	十	元	角	分	
附件 张		合 计																								

会计主管： 记账： 审核： 制单：

表 2-1-28 记账凭证

年 月 日 凭证编号：

摘 要	总账科目	二级科目	明细科目	借方金额											贷方金额											√
				亿	千	百	十	万	千	百	十	元	角	分	亿	千	百	十	万	千	百	十	元	角	分	
附件 张		合 计																								

会计主管： 记账： 审核： 制单：

表 2-1-29 记账凭证

年 月 日 凭证编号：

摘 要	总账科目	二级科目	明细科目	借方金额											贷方金额											√
				亿	千	百	十	万	千	百	十	元	角	分	亿	千	百	十	万	千	百	十	元	角	分	
附件 张		合 计																								

会计主管： 记账： 审核： 制单：

表 2 - 1 - 30　记账凭证

年　月　日　　　　　　　　　　凭证编号：

摘　要	总账科目	二级科目	明细科目	借方金额										贷方金额										√
				亿	千	百	十	万	千	百	十	元	角	分	亿	千	百	十	万	千	百	十	元	角	分	
附件　张		合　计																							

会计主管：　　　　记账：　　　　审核：　　　　制单：

实训答案

任务一　（略）

任务二　甲、乙产品共同耗用材料的分配率为 0.22(其他略)。

任务三　甲、乙产品生产工人人工费用分配率为 30.9 元/小时(其他略)。

任务四　本月共提折旧 23 320 元(其他略)。

任务五　供电车间本月费用总额为 111 780 元，分配率为 0.39 元/度，产品生产用电分配率为 20；锅炉车间本月费用总额为 56 460 元，分配率为 4.74 元/立方米(其他略)。

任务六　基本生产车间本月制造费用总额为 79 328 元，分配率为 7.93 元/小时(其他略)。

任务七　甲产品直接材料分配率为 249.9 元/件，直接人工分配率为 207.68 元/件，制造费用分配率为 54.65 元/件，燃料及动力分配率为 54 元/件；完工产品成本为 452 984 元，在产品成本为 81 615.4 元。

乙产品直接材料分配率为 109.33 元/件，直接人工分配率为 226.2 元/件，制造费用分配率为 58.49 元/件，燃料及动力分配率为 58.73 元/件；完工产品成本为 226 375 元，在产品成本为 28 102.6 元(其他略)。

综合实训二　利用典型分批法计算产品成本

实训目的
了解典型分批法的成本计算对象及适用范围；
掌握典型分批法的运用；
能够用典型分批法计算产品成本。

实训资料
正大机械厂是一家小型生产企业，专门从事订单生产，由于同一订单产品一般同时完工，该厂采用典型分批法计算产品成本。

20×8年9月其他资料如下。

一、20×8年9月份的生产费用

本月耗用原材料500 000元，均为103批次产品耗用。本月生产工人职工薪酬为114 000元，制造费用总额为96 000元。

二、产品定额成本

103批次丙产品成本定额为4 400元，其中，直接材料2 800元，直接人工1 200元，制造费用400元。

三、20×8年9月份的其他成本资料（见表2-2-1、表2-2-2）

表2-2-1　月初在产品成本

20×8年9月1日　　　　　　　　　　　　元

批　号	产品名称	直接材料	直接人工	制造费用	合　计
101	甲产品	80 000	12 000	10 000	102 000
102	乙产品	100 000	10 000	6 000	116 000
合　计		180 000	22 000	16 000	218 000

表2-2-2　产品生产情况

20×8年9月　　　　　　　　　　　　元

批　号	产品名称	投产日期	生产数量（件）	本月完工（件）	生产工时（小时）
101	甲产品	20×8年8月8日	50	50	8 000
102	乙产品	20×8年8月22日	60	0	4 000
103	丙产品	20×8年9月3日	100	10	4 000
合　计			210	60	16 000

要点提示
分配率保留两位小数。

工作任务

任务一   设置产品成本明细账,并登记期初余额。

任务二   填制领用材料费用的记账凭证(见表 2-2-8 至表 2-2-11),并登记相关账簿。

任务三   按生产工时分配人工费用,填制记账凭证(见表 2-2-8 至表 2-2-11),并登记相关账簿(人工费用分配表见表 2-2-3)。

表 2-2-3   人工费用分配表

年   月   元

受益对象		生产工时	分配率	分配金额
101	甲产品			
102	乙产品			
103	丙产品			
合 计				

任务四   按生产工时分配制造费用,填制记账凭证,并登记相关账簿(制造费用分配表见表 2-2-4)。

表 2-2-4   制造费用分配表

年   月   元

受益对象		生产工时	分配率	分配金额
101	甲产品			
102	乙产品			
103	丙产品			
合 计				

任务五   计算完工产品成本,填制结转完工产品成本的记账凭证(见表 2-2-8 至表 2-2-11),并登记相关账簿(相关表格见表 2-2-5 至表 2-2-11)。

表 2-2-5   完工产品成本计算单

批   量: 件
投产日期: 年 月 日
完工日期: 年 月 日

产品批号:
产品名称: 元

20×8 年		凭证字号	摘 要	借 方			贷方	余额
月	日					合计		

表 2-2-6　完工产品成本计算单

批　量：　　件
投产日期：　年　月　日
完工日期：　年　月　日
元

产品批号：
产品名称：

20×8 年		凭证字号	摘　要	借　方					贷方	余额
月	日							合计		

表 2-2-7　完工产品成本计算单

批　量：　　件
投产日期：　年　月　日
完工日期：　年　月　日
元

产品批号：
产品名称：

20×8 年		凭证字号	摘　要	借　方					贷方	余额
月	日							合计		

表 2-2-8 记账凭证

年 月 日 　　　　凭证编号：

摘　要	总账科目	二级科目	明细科目	借方金额											贷方金额											√
				亿	千	百	十	万	千	百	十	元	角	分	亿	千	百	十	万	千	百	十	元	角	分	
附件　　张		合　计																									

会计主管：　　　　记账：　　　　审核：　　　　制单：

表 2-2-9 记账凭证

年 月 日 　　　　凭证编号：

摘　要	总账科目	二级科目	明细科目	借方金额											贷方金额											√
				亿	千	百	十	万	千	百	十	元	角	分	亿	千	百	十	万	千	百	十	元	角	分	
附件　　张		合　计																									

会计主管：　　　　记账：　　　　审核：　　　　制单：

表 2-2-10 记账凭证

年 月 日 　　　　凭证编号：

摘　要	总账科目	二级科目	明细科目	借方金额											贷方金额											√
				亿	千	百	十	万	千	百	十	元	角	分	亿	千	百	十	万	千	百	十	元	角	分	
附件　　张		合　计																									

会计主管：　　　　记账：　　　　审核：　　　　制单：

表 2 - 2 - 11 记账凭证

年 月 日   凭证编号：

摘 要	总账科目	二级科目	明细科目	借方金额	贷方金额	√
				亿千百十万千百十元角分	亿千百十万千百十元角分	
附件 张		合 计				

会计主管：   记账：   审核：   制单：

实训答案

任务一 （略）

任务二 （略）

任务三 分配率为 7.13 元/小时,101 批次产品人工费为 57 040 元,102 批为 28 520 元,103 批为 28 440 元。

任务四 分配率为 6 元/小时,101 批次产品制造费用为 48 000 元,102 批为 24 000 元,103 批为 24 000 元。

任务五 101 批次产品全部完工,完工产品成本为各项费用的合计 207 040 元,在产品成本为 0。102 批次没有完工产品,在产品成本为各项费用的合计 168 520 元。103 批完工产品数量少,按定额成本计价,完工产品直接材料成本为 28 000 元,直接人工为 12 000 元,制造费用为 4 000 元,总成本为 44 000 元;在产品直接材料成本为 472 000 元,直接人工为 16 440 元,制造费用为 20 000 元,总成本为 508 440 元(其他略)。

综合实训三　利用累计间接费用分批法计算产品成本

实训目的

了解累计间接费用分批法的成本计算对象及适用范围；

掌握累计间接费用分批法的运用；

能够用累计间接费用分批法计算产品成本。

实训资料

华创工厂为按订单组织生产的小批生产型企业。该企业每月投产的产品批次较多，而完工的批次少，因此，采用简化的分批法（累计间接费用分批法）计算产品成本。

20×8年9月份的其他资料如下。

一、20×8年9月的产品生产情况（见表2-3-1）

表2-3-1　产品生产批次表

批　号	产品名称	批　量	生产日期	完工日期
701	甲产品	100	7月2日	9月30日
806	乙产品	40	8月5日	9月26日
807	丙产品	200	8月10日	未完工
808	丁产品	20	8月13日	未完工
901	戊产品	80	9月2日	未完工

二、20×8年9月初在产品成本及工时情况（见表2-3-2、表2-3-3）

表2-3-2　月初在产品成本

20×8年9月1日

元

产品批次		直接材料	直接人工	制造费用	合　计
701	甲产品	44 000			44 000
806	乙产品	12 000			12 000
807	丙产品	22 000			22 000
808	丁产品	10 000			10 000
合　计		88 000	280 000	220 000	588 000

表2-3-3　月初在产品累计生产工时

20×8年9月1日

小时

产品批次	701	806	807	808	合　计
	甲产品	乙产品	丙产品	丁产品	
累计生产工时	4 000	3 000	3 800	1 200	12 000

三、20×8 年 9 月发生的生产费用及耗用工时的情况（见表 2-3-4）

表 2-3-4　本月发生的生产费用及耗用生产工时情况表

20×8 年 9 月　　　　　　　　　　　　　　元

产品批次		701	806	807	808	901	合　计
		甲产品	乙产品	丙产品	丁产品	戊产品	
生产费用	直接材料					30 000	30 000
	直接人工						46 000
	制造费用						26 000
生产工时（小时）		3 500	3 000	3 000	4 100	7 000	20 600

要点提示

一、累计间接生产费用的分配

某项累计间接费用分配率＝全部产品该项累计间接生产费用÷
全部产品累计生产工时

某批完工产品应承担的某项间接费用＝该批完工产品累计生产工时×
该项累计间接费用分配率

二、分配率保留两位小数

工作任务

任务一　根据表2-3-1、表2-3-2编制产品成本计算单,并登记期初余额(见表2-3-6至表2-3-10)。

任务二　核算本月材料费用,并登记相关产品成本计算单。

任务三　根据表2-3-2、表2-3-3、表2-3-4,计算累计间接费用分配率,并填制表2-3-5"基本生产成本二级账"。

表2-3-5　基本生产成本二级账

车间名称:基本生产车间

元

20×8年		摘　要	直接材料	生产工时	直接人工	制造费用	合　计
月	日						
9	1	月初在产品成本					
		本月发生数					
		累计发生数					
		累计间接费用分配率					
		转出完工产品成本					
		月末在产品成本					
10	1						

任务四　计算各批完工产品承担的间接生产费用,并登记相关产品成本计算单。

任务五　计算完工产品成本,填制"完工产品成本汇总表",见表2-3-11,并登记相关成本计算单。

表2-3-6　产品成本计算单

产品批号：　　　　　　　　　产品名称：A产品　　　　　　　　　投产日期：　月　日
订货单位：　　　　　　　　　批　　量：　　　　　　　　　　　　完工日期：　月　日
　　元

20×8年		摘　要	直接材料	生产工时	直接人工	制造费用	合　计
月	日						

表2-3-7　产品成本计算单

产品批号：　　　　　　　　　产品名称：　　　　　　　　　　　　投产日期：　月　日
订货单位：　　　　　　　　　批　　量：　　　　　　　　　　　　完工日期：　月　日
　　元

20×8年		摘　要	直接材料	生产工时	直接人工	制造费用	合　计
月	日						

表2-3-8　产品成本计算单

产品批号：　　　　　　　　　产品名称：　　　　　　　　　　　　投产日期：　月　日
订货单位：　　　　　　　　　批　　量：　　　　　　　　　　　　完工日期：　月　日
　　元

20×8年		摘　要	直接材料	生产工时	直接人工	制造费用	合　计
月	日						

表 2-3-9 产品成本计算单

产品批号：   产品名称：   投产日期： 月   日
订货单位：   批   量：   完工日期： 月   日

元

20×8 年		摘 要	直接材料	生产工时	直接人工	制造费用	合 计
月	日						

表 2-3-10 产品成本计算单

产品批号：   产品名称：   投产日期： 月   日
订货单位：   批   量：   完工日期： 月   日

元

20×8 年		摘 要	直接材料	生产工时	直接人工	制造费用	合 计
月	日						

表 2-3-11 完工产品成本汇总表

20×8 年 9 月

元

成本项目	甲产品（100 件）		乙产品（40 件）		总成本合计
	总成本	单位成本	总成本	单位成本	
直接材料					
直接人工					
制造费用					

实训答案

任务一　（略）

任务二　从题目可以看出来，材料为一次性投入，本月材料全部为901批戊产品消耗。

任务三　直接人工分配率＝（280 000＋46 000）÷（12 000＋20 600）＝10（元/小时）

制造费用分配率＝（220 000＋26 000）÷（12 000＋20 600）＝7.55（元/小时）

任务四　701批甲产品承担的人工费＝（4 000＋3 500）×10＝75 000（元）

701批甲产品承担的制造费用＝（4 000＋3 500）×7.55＝56 625（元）

806批乙产品承担的人工费＝（3 000＋3 000）×10＝60 000（元）

806批乙产品承担的制造费用＝（3 000＋3 000）×7.55＝45 300（元）

（其他略）

任务五　701批甲产品完工产品成本＝44 000＋75 000＋56 625＝175 625（元）

806批乙产品完工产品成本＝12 000＋60 000＋45 300＝117 300（元）

其他批次产品未完工，不计算其成本，成本明细账只登记其材料费（其他略）。

综合实训四　利用逐步综合结转分步法计算产品成本

实训目的

了解逐步综合结转分步法的计算过程；

掌握成本还原的方法；

能够用逐步综合结转分步法计算产品成本,并进行成本还原。

实训资料

华创工厂为大量多步骤生产型企业,该工厂设有三个基本生产车间,第一车间生产 A 半成品,完工的 A 半成品直接转入第二车间进一步加工成 B 半成品,完工的 B 半成品直接转入第三车间进一步加工成产成品甲产品。A 半成品和 B 半成品都可以直接对外出售,需要计算其成本资料,因此,华创工厂采用逐步综合结转分步法计算产品成本。各步骤月末在产品加工程度为50%,投料程度为100%。

20×8 年 9 月份的其他资料如下。

一、20×8 年 9 月份的产品产量资料(见表 2－4－1)

表 2－4－1　产品产量资料

20×8 年 9 月

件

项　　目	第一车间	第二车间	第三车间
月初在产品	200	200	1 000
本月投产或上步骤转入	1 600	1 500	1 400
本月完工	1 500	1 400	1 500
月末在产品	300	300	900

二、20×8 年 9 月初在产品成本资料(见表 2－4－2)

表 2－4－2　月初在产品成本

20×8 年 9 月

元

成本项目	第一车间	第二车间	第三车间
直接材料	48 800	80 080	130 000
直接人工	62 000	68 000	60 000
制造费用	80 000	118 000	98 000
合　　计	190 800	266 080	288 000

三、20×8 年 9 月生产费用资料（见表 2 - 4 - 3）

表 2 - 4 - 3　本月生产费用

20×8 年 9 月　　　　　　　　　　　　　　　　　　　　　　　　元

项　目	第一车间	第二车间	第三车间
直接材料	173 200		
直接人工	162 000	204 000	90 000
制造费用	200 000	164 000	120 000
合　计	535 200	368 000	210 000

要点提示

一、逐步综合结转分步法

综合结转分步法是指将各步骤所耗上一步骤的半成品成本不分成本项目，而是以一个综合金额记入该步骤产品成本明细账中的"直接材料"或专设的"半成品"项目的一种成本结转方法。

二、逐步综合结转分步法流程图

半成品的实物转移如下：

第一步骤产量记录	
项　目	数量（件）
月初在产品	100
本月投产	600
本月完工（A 半成品）	400
月末在产品	300

第二步骤产量记录	
项　目	数量（件）
月初在产品	200
本月投产	400
本月完工（B 半成品）	450
月末在产品	150

第三步骤产量记录	
项　目	数量（件）
月初在产品	150
本月投产	450
本月完工（A 半成品）	400
月末在产品	200

半成品的成本结转如下：

第一步骤成本明细账			
项目	直接材料	加工费用	合计
月初在产品成本	10 000	1 600	11 600
本月生产费用	60 000	16 000	76 000
转出 A 半成品成本	40 000	12 800	52 800
月末在产品	30 000	4 800	34 800

第二步骤成本明细账			
项目	半成品	加工费用	合计
月初在产品成本	26 400	2 300	28 700
本月生产费用	52 800	9 775	62 575
转出 B 半成品成本	59 400	10 350	69 750
月末在产品	19 800	1 725	21 525

第三步骤成本明细账			
项目	半成品	加工费用	合计
月初在产品成本	23 250	2 100	25 350
本月生产费用	69 750	11 900	81 650
产成品成本	62 000	11 200	73 200
月末在产品	31 000	2 800	33 800

三、成本还原

成本还原是指将产成品成本还原为按原始成本项目反映的成本。即从最后一个步骤起，把产成品所半成品的综合成本，逐步分解、还原为直接材料、直接人工和制造费用等原始成本项目，从而求得按原始成本项目反映的产成品成本资料。

四、还原分配率法

还原分配率法是指按产成品所耗半成品的总成本占本月生产的该种半成品总成本的比重还原。其计算步骤如下。

第一步，计算还原分配率。

　　　　还原分配率＝待还原的半成品总成本÷本月生产的该种半成品的总成本

第二步，计算还原金额。

　　　　半成品各成本项目还原金额＝本月生产的半成品各成本项目金额×还原分配率

五、分配率保留两位小数

工作任务

任务一　设置各产品的基本生产成本明细账，并登记期初余额及本月生产费用(见表2-4-4至表2-4-6)。

表2-4-4　基本生产成本明细账

车间名称：第一车间　　　　　　　　　　　　　　　　　　完工产量：　件
产品名称：A半成品　　　　　　　　　　　　　　　　　　在产品数量：　件

20×8年		摘　要	直接材料	直接人工	制造费用	合　计
月	日					
9	1	月初在产品成本				
	30	本月本步骤发生费用				
	30	生产费用合计				
	30	转出完工产品成本				
	30	月末在产品成本				

表2-4-5　基本生产成本明细账

车间名称：第二车间　　　　　　　　　　　　　　　　　　完工产量：　件
产品名称：B半成品　　　　　　　　　　　　　　　　　　在产品数量：　件

20×8年		摘　要	直接材料	直接人工	制造费用	合　计
月	日					
9	1	月初在产品成本				
	30	本月本步骤发生费用				
	30	生产费用合计				
	30	转出完工产品成本				
	30	月末在产品成本				

表 2 - 4 - 6　基本生产成本明细账

车间名称:第三车间　　　　　　　　　　　　　　　　　　　　　　完工产量:　件
产品名称:甲产成品　　　　　　　　　　　　　　　　　　　　　在产品数量:　件

20×8 年		摘　要	直接材料	直接人工	制造费用	合　计
月	日					
9	1	月初在产品成本				
	30	本月本步骤发生费用				
	30	生产费用合计				
	30	转出完工产品成本				
	30	月末在产品成本				

任务二　采用约当产量法计算 A 半成品的完工总成本及单位成本,写出计算过程;编制结转完工半成品成本的记账凭证(见表 2 - 4 - 11 至表 2 - 4 - 13),并登记相关账簿(成本计算单见表 2 - 4 - 7)。注:尾数由在产品承担。

表 2 - 4 - 7　完工产品与在产品成本计算单

产品名称:A 半成品　　　　　　　　　　20×8 年 9 月　　　　　　　　　　　　元

成本项目			直接材料	直接人工	制造费用	合　计
生产费用合计						
产品数量		完工产品数量				
	在产品	在产品数量				
		完工程度				
		约当产量				
	约当总产量					
	单位成本					
	完工产品成本					
	月末在产品成本					

任务三　采用约当产量法计算 B 半成品的完工总成本及单位成本,写出计算过程;编制结转完工半成品成本的记账凭证(见表 2 - 4 - 11 至表 2 - 4 - 13),并登记相关账簿(成本计算单见表 2 - 4 - 8)。注:尾数由在产品承担。

表 2-4-8 完工产品与在产品成本计算单

产品名称:B半成品　　　　　　　　20×8年9月　　　　　　　　　　元

成本项目			直接材料	直接人工	制造费用	合　计
生产费用合计						
产品数量		完工产品数量				
	在产品	在产品数量				
		完工程度				
		约当产量				
	约当总产量					
单位成本						
完工产品成本						
月末在产品成本						

任务四 采用约当产量法计算甲产成品的完工总成本及单位成本,写出计算过程;编制结转完工半成品成本的记账凭证,并登记相关账簿(成本计算单见表2-4-9至表2-4-13)。
注:尾数由在产品承担。

表 2-4-9 完工产品与在产品成本计算单

产品名称:甲产成品　　　　　　　　20×8年9月　　　　　　　　　　元

成本项目			直接材料	直接人工	制造费用	合　计
生产费用合计						
产品数量		完工产品数量				
	在产品	在产品数量				
		完工程度				
		约当产量				
	约当总产量					
单位成本						
完工产品成本						
月末在产品成本						

任务五 采用还原分配率法对甲产品成本进行成本还原(见表2-4-10)。

表 2-4-10 成本还原计算表

产品名称:甲产成品　　　　　　　　20×8年9月　　　　　　　　　　元

成本项目	还原前总成本	第二步半成品成本	还原额及还原率	第一步骤半成品成本	还原额及还原率	还原后总成本
栏目	1	2	3	4	5	6
还原分配率						
直接材料(半成品)						
直接人工						
制造费用						
合　计						

表 2-4-11 记账凭证

年　月　日　　　　　　　　　　　　凭证编号:

摘　要	总账科目	二级科目	明细科目	借方金额 亿千百十万千百十元角分	贷方金额 亿千百十万千百十元角分	√
附件　张		合　计				

会计主管:　　　　　记账:　　　　　审核:　　　　　制单:

表 2-4-12 记账凭证

年　月　日　　　　　　　　　　　　凭证编号:

摘　要	总账科目	二级科目	明细科目	借方金额 亿千百十万千百十元角分	贷方金额 亿千百十万千百十元角分	√
附件　张		合　计				

会计主管:　　　　　记账:　　　　　审核:　　　　　制单:

表 2-4-13 记账凭证

年 月 日   凭证编号:

摘 要	总账科目	二级科目	明细科目	借方金额										贷方金额										√
				亿	千	百	十	万	千	百	十	元	角	分	亿	千	百	十	万	千	百	十	元	角	分	
附件 张		合 计																								

会计主管: 记账: 审核: 制单:

实训答案

任务一 (略)

任务二 直接材料分配率为 123.33 元/件,直接人工分配率为 135.76 元/件,制造费用分配率为 169.70 元/件,单位成本为 428.79 元/件;完工产品成本为 643 185 元,在产品成本为 82 815 元(其他略)。

任务三 直接材料(半成品)分配率为 425.45 元/件,直接人工分配率为 175.48 元/件,制造费用分配率为 181.94 元/件,单位成本为 782.87 元/件;完工产品成本为 1 096 018 元,在产品成本为 181 247 元(其他略)。

任务四 直接材料(半成品)分配率为 510.84 元/件,直接人工分配率为 76.92 元/件,制造费用分配率为 111.79 元/件,单位产品成本为 699.55 元/件;完工产品成本为 1 049 325 元,在产品成本为 544 693 元。

任务五 第一次还原分配率 = 766 260 ÷ 1 096 018 × 100% = 69.91%

甲产成品消耗 A 半成品成本 = 69.91% × 595 630 = 416 404.93(元)

第二次还原分配率 = 416 404.93 ÷ 643 185 × 100% = 64.74%

甲产成品消耗材料 = 64.74% × 184 995 = 119 765.76(元)

(其他略)

综合实训五　利用平行结转分步法计算产品成本

实训目的

掌握平行结转分步法的运用；

能够用平行结转分步法计算产品成本。

实训资料

华创工厂为大量多步骤生产型企业,该工厂设有三个基本生产车间,第一车间生产 A 半成品,完工的 A 半成品直接转入第二车间进一步加工成 B 半成品,完工的 B 半成品直接转入第三车间进一步加工成产成品甲产品。A、B 半成品不对外出售,而且管理层要求分步骤考核成本,因此,工厂采用平行结转分步法计算产品成本。假设各步骤在产品在本步骤的加工程度为 50%,原材料为一次性投入。一件产成品消耗一件半成品。

20×8 年 9 月份的其他资料如下。

一、本月产量资料(见表 2-5-1)

表 2-5-1　产量资料

20×8 年 9 月　　　　　　　　　　　　　　　　件

项　目	第一车间	第二车间	第三车间
月初在产品	1 000	800	1 200
本月投产或上步骤转入	5 000	4 800	5 000
本月完工	4 800	5 000	5 500
月末在产品	1 200	600	700

二、月初在产品成本资料(见表 2-5-2)

表 2-5-2　月初在产品成本

20×8 年 9 月 1 日　　　　　　　　　　　　　　元

成本项目	第一车间	第二车间	第三车间	合　计
直接材料	295 000			295 000
直接人工	120 000	195 000	205 000	520 000
制造费用	280 000	280 000	55 000	615 000
合　计	695 000	475 000	260 000	1 430 000

三、本月生产费用(见表 2-5-3)

表 2-5-3　本月生产费用

20×8 年 9 月　　　　　　　　　　　　　　　　　　　　　元

成本项目	第一车间	第二车间	第三车间	合　计
直接材料	550 000			550 000
直接人工	460 000	980 000	920 000	2 360 000
制造费用	140 000	600 000	680 000	1 420 000
合　计	1 150 000	1 580 000	1 600 000	4 330 000

要点提示

一、平行结转分步法的定义

平行结转分步法是指只计算各步骤所发生的各项生产费用以及这些费用中应计入产成品成本的份额,然后,将各步骤应计入同一产成品成本的份额平行结转、汇总,进而计算出该产成品成本的方法。它也称为不计算半成品成本的分步法。

二、平行结转分步法成本计算流程图

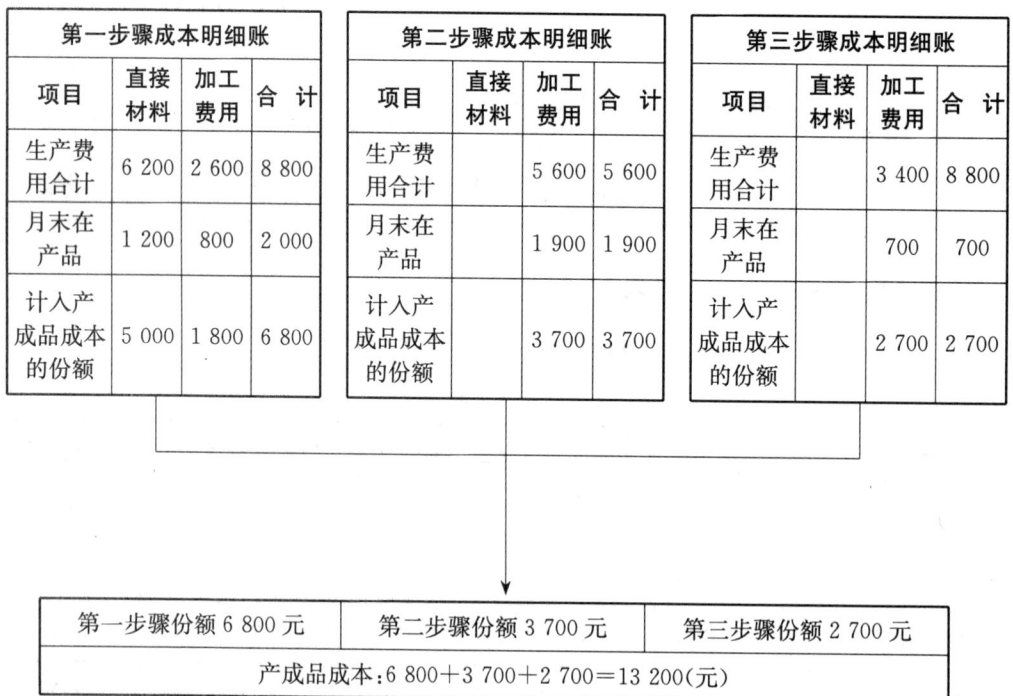

第一步骤成本明细账					第二步骤成本明细账					第三步骤成本明细账			
项目	直接材料	加工费用	合　计		项目	直接材料	加工费用	合　计		项目	直接材料	加工费用	合　计
生产费用合计	6 200	2 600	8 800		生产费用合计		5 600	5 600		生产费用合计		3 400	8 800
月末在产品	1 200	800	2 000		月末在产品		1 900	1 900		月末在产品		700	700
计入产成品成本的份额	5 000	1 800	6 800		计入产成品成本的份额		3 700	3 700		计入产成品成本的份额		2 700	2 700

第一步骤份额 6 800 元	第二步骤份额 3 700 元	第三步骤份额 2 700 元
产成品成本:6 800+3 700+2 700=13 200(元)		

三、分配率保留两位小数

工作任务

任务一 根据表2-5-2设置基本生产成本明细账(见表2-5-4至表2-5-6)。

表2-5-4 基本生产成本明细账

车间名称:第一车间

产成品名称:A半成品

20×8年		摘 要	直接材料	直接人工	制造费用	合 计
月	日					
9	1	月初在产品成本				
	30	本月本步骤发生费用				
	30	生产费用合计				
	30	应计入产成品成本份额				
	30	月末在产品成本				

表2-5-5 基本生产成本明细账

车间名称:第二车间

产成品名称:B半成品

20×8年		摘 要	直接材料	直接人工	制造费用	合 计
月	日					
9	1	月初在产品成本				
	30	本月本步骤发生费用				
	30	生产费用合计				
	30	应计入产成品成本份额				
	30	月末在产品成本				

表2-5-6 基本生产成本明细账

车间名称:第三车间

产成品名称:甲产成品

20×8年		摘 要	直接材料	直接人工	制造费用	合 计
月	日					
9	1	月初在产品成本				
	30	本月本步骤发生费用				
	30	生产费用合计				
	30	应计入产成品成本份额				
	30	月末在产品成本				

任务二 采用约当产量比例法计算第一步骤计入产成品成本的份额(见表2-5-7、表2-5-8)。

表2-5-7 约当产量计算表

20×8年9月　　　　　　　　　　　　　　　　　　件

项　目	第一车间	
	投料约当产量	加工约当产量
产成品耗用本步骤半成品数量		
以后步骤广义在产品耗用本步骤半成品数量		
本步骤狭义在产品数量		
本步骤狭义在产品完工程度本步骤狭义在产品约当产量		
约当总产量		

表2-5-8 产品成本计算表

20×8年9月　　　　　　　　　　　　　　　　　　元

	成本项目	直接材料	直接人工	制造费用	合　计
第一生产车间	月初在产品成本				
	本月生产费用				
	生产费用合计				
	约当总产量				
	费用分配率				
	产成品耗用本步骤产品数量				
	应计入产成品成本份额				

任务三 采用约当产量比例法计算第二步骤计入产成品成本的份额(见表2-5-9、表2-5-10)。

表2-5-9 约当产量计算表

20×8年9月　　　　　　　　　　　　　　　　　　件

项　目	第一车间	
	投料约当产量	加工约当产量
产成品耗用本步骤半成品数量		
以后步骤广义在产品耗用本步骤半成品数量		
本步骤狭义在产品数量		
本步骤狭义在产品完工程度本步骤狭义在产品约当产量		
约当总产量		

表 2 - 5 - 10　产品成本计算表

20×8 年 9 月　　　　　　　　　　　　　　　　　　元

成本项目		直接材料	直接人工	制造费用	合　计
第一生产车间	月初在产品成本				
	本月生产费用				
	生产费用合计				
	约当总产量				
	费用分配率				
	产成品耗用本步骤产品数量				
	应计入产成品成本份额				

任务四　采用约当产量比例法计算第三步骤计入产成品成本的份额（见表 2 - 5 - 11、表 2 - 5 - 12）。

表 2 - 5 - 11　约当产量计算表

20×8 年 9 月　　　　　　　　　　　　　　　　　　件

项　目	第一车间	
	投料约当产量	加工约当产量
产成品耗用本步骤半成品数量		
以后步骤广义在产品耗用本步骤半成品数量		
本步骤狭义在产品数量		
本步骤狭义在产品完工程度本步骤狭义在产品约当产量		
约当总产量		

表 2 - 5 - 12　产品成本计算表

20×8 年 9 月　　　　　　　　　　　　　　　　　　元

成本项目		直接材料	直接人工	制造费用	合　计
第一生产车间	月初在产品成本				
	本月生产费用				
	生产费用合计				
	约当总产量				
	费用分配率				
	产成品耗用本步骤产品数量				
	应计入产成品成本份额				

任务五　编制完工产品成本计算表(见表2-5-13),计算产成品成本;编制结转完工产品成本的记账凭证(见表2-5-14),并登记账簿。

表2-5-13　完工产品成本计算表

20×8年9月

完工产品:　　件
在产品:　　件
　　　　　元

成本项目	直接材料	直接人工	制造费用	合　计
第一步骤计算产成品成本份额				
第二步骤计算产成品成本份额				
第三步骤计算产成品成本份额				
完工产品总成本				
完工产品单位成本				

表2-5-14　记账凭证

年　月　日

凭证编号:

摘　要	总账科目	二级科目	明细科目	借方金额 亿千百十万千百十元角分	贷方金额 亿千百十万千百十元角分	√
附件　　张		合　计				

会计主管:　　　　记账:　　　　审核:　　　　制单:

实训答案

任务一　(略)

任务二　投料约当产量为8 000件,加工费约当产量为7 400件;计入产成品的份额为1 324 290元,其中,材料580 965元,人工431 145元,制造费用312 180元。

任务三　加工费约当产量为6 500件,计入产成品成本份额为1 738 825元,其中,人工费994 235元,制造费用744 590元。

任务四　加工费约当产量为5 850件,计入产成品成本份额为1 748 725元,其中,人工费1 057 705元,制造费用691 020元。

任务五　产成品成本为4 811 840元。

综合实训六 利用分类法计算产品成本

实训目的

掌握分类法的计算；

能够用分类法计算产品成本。

实训资料

某农具厂生产甲、乙、丙三种产品。该三种产品的结构、所用材料和工艺过程相近，合为A类产品。该厂某月生产甲产成品 2 000 件、乙产成品 1 000 件、丙产成品 1 200 件；月末甲在产品 100 件，乙在产品 150 件。农具厂采用分类法计算产品成本，直接材料成本的系数计算以材料消耗定额作为标准，直接人工和制造费用的系数计算以工时消耗定额作为标准，A类产品以甲产品作为标准产品。

20×8 年 3 月份的其他资料如下。

一、各种产品消耗定额资料（见表 2－6－1）

表 2－6－1 产品消耗定额资料

类别：A类　　　　　　　　　　　　　　20×8 年 3 月

产品名称	材料消耗定额（千克）	工时消耗定额（小时）
甲产品	20	10
乙产品	24	15
丙产品	10	5

二、A类产品的成本明细账见表 2－6－2。

表 2－6－2 基本生产成本明细账

类别：A类　　　　　　　　　　　20×8 年 3 月　　　　　　　　　　　元

摘　要	直接材料	直接人工	制造费用	合　计
月初在产品成本	20 080	9 600	9 000	38 680
本月发生费用	80 120	36 000	30 000	146 120
费用累计	100 200	45 600	39 000	184 800
完工产品成本	96 000	42 000	36 000	174 000
月末在产品成本	4 200	3 600	3 000	10 800

要点提示

一、分类法的定义

产品成本计算的分类法，是以产品的类别作为成本计算对象归集生产费用，在计算出某类完工产品总成本的基础上，按一定的分配标准将完工产品总成本在类别内各种产品之间进行分配，进而计算类内各种产品成本的方法。

二、分配率保留两位小数

三、分类法成本计算流程图

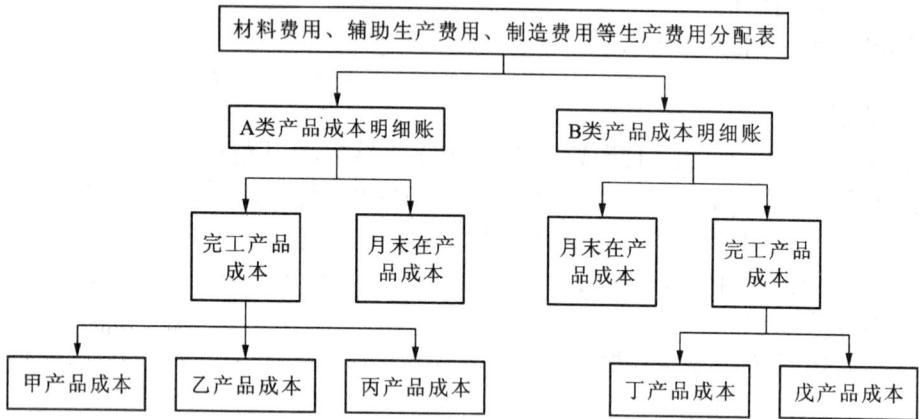

工作任务

任务一 计算各产品的单位系数,见表2-6-3。

表2-6-3 系数计算表

类别:A类　　　　　　　　　　20×8年3月　　　　　　　　　　小时

产品名称	材料消耗定额(千克)	单位系数	工时消耗定额	单位系数
甲产品	20		10	
乙产品	24		15	
丙产品	10		5	

任务二 计算各种产品的总系数,见表2-6-4。

表2-6-4 总系数(标准产品产量)计算表

类别:A类　　　　　　　　　　20×8年3月　　　　　　　　　　元

产品名称	产成品产量	直接材料		直接人工、制造费用	
		单位系数	总系数	单位系数	总系数
甲产品					
乙产品					
丙产品					
合　计					

任务三 编制类内产品成本分配表,计算各种产品的完工总成本及单位成本,见表2-6-5。

表2-6-5 类内产品成本分配表

类别:A类　　　　　　　　　　20×8年3月　　　　　　　　　　元

摘　要	直接材料	直接人工	制造费用	合　计
A类完工产品总成本				
总系数合计				
分配率				
甲产品总系数 甲完工产品总成本 甲产品单位成本				
乙产品总系数 乙完工产品总成本 乙产品单位成本				
丙产品总系数 丙完工产品总成本 丙产品单位成本				

实训答案

任务一　各产品材料消耗单位系数分别为甲产品为1、乙产品为1.2、丙产品为0.5;加工费用消耗单位系数分别为甲产品为1、乙产品为1.5、丙产品为0.5。

任务二　材料费用消耗总系数分别为甲产品为2 000、乙产品为1 200、丙产品为600;加工费用消耗单位系数分别为甲产品为2 000、乙产品为1 500、丙产品为600。

任务三　材料费用分配率为25.26元/件,人工费用分配率为10.24元/件,制造费用分配率为8.78元/件。

甲产品总成本为88 560元,单位成本为44.28元/件;乙产品总成本为58 842元,单位成本为58.84元/件;丙产品总成本为26 598元,单位成本为22.17元/件。

综合实训七　利用定额法计算产品成本

实训目的

掌握定额法的运用；

能够用定额法计算产品成本,并分析各种定额差异。

实训资料

华氏企业生产甲产品,定额资料比较健全,采用定额法计算产品成本。脱离定额差异按定额成本在完工产品与在产品之间分配,为简化核算,定额变动差异由完工产品负担。

20×8 年 9 月初,在产品有 20 件,本月投入产品 150 件,本月完工产品 160 件,月末在产品 10 件。月初、月末在产品完工程度均为 50%,原材料为生产开始一次性投入。

材料消耗定额从 5.4 千克降低为 5 千克,材料计划单价为 6 元/千克,材料成本差异率为 -2%,工时定额为 5 小时,计划小时工资率为 4 元/小时,计划小时制造费用率为 4.5 元/小时。

20×8 年 9 月份的其他资料如下。

表 2-7-1　月初在产品定额成本及脱离定额差异

20×8 年 9 月　　　　　　　　　　　　　　　　　元

成本项目	直接材料	直接人工	制造费用	合　计
定额成本	648	200	225	1 073
脱离定额差异	-20	10	12	2

表 2-7-2　本月脱离定额差异

20×8 年 9 月　　　　　　　　　　　　　　　　　元

成本项目	直接材料	直接人工	制造费用	合　计
脱离定额差异	50	16	34	100

要点提示

一、定额变动差异的计算

月初在产品定额变动差异＝(旧定额－新定额)×月初在产品约当产量

或:

月初在产品定额变动差异＝按旧定额计算的月初在产品定额成本×(1－定额变动系数)

$$定额变动系数＝\frac{按新定额计算的单位产品定额费用}{按旧定额计算的单位产品定额费用}$$

二、脱离定额差异的计算

本月投产产量＝完工产品数量＋期末盘存在产品约当产量－期初在产品约当产量

某产品直接材料脱离定额的差异＝(该产品材料实际耗用量—该产品材料定额耗用量)×
材料计划单价

某产品直接人工脱离定额的差异＝该产品实际人工费用—该产品定额人工费用
＝(该产品本月投产产量的实际工时×实际小时人工费用率)—
(该产品本月投产产量定额工时×计划小时人工费用率)

某产品制造费用定额的差异＝该产品实际制造费用—定额制造费用
＝(该产品本月投产产量的实际工时×
实际小时制造费用率)—(该产品本月投产产量的定额工时×
计划小时制造费用率)

三、材料成本差异的计算

某产品应负担的材料成本差异＝(该产品直接材料的定额成本＋
直接材料脱离定额的差异)×材料成本差异率

四、分配率保留两位小数

工作任务

计算完工产品及在产品的实际成本,并填制产品成本明细账(见表 2-7-3)。

表 2-7-3 产品成本明细账

产品名称:甲产品　　　　　　　产量:160 件　　　　　　　　　　　　元

项　目		行次	直接材料	直接人工	制造费用	合　计
月初在产品成本	定额成本	1				
	脱离定额差异	2				
	材料成本差异	3				
	定额变动差异	4				
月初在产品定额成本调整	定额成本调整	5				
	定额变动差异	6				
本月生产费用	定额成本	7				
	脱离定额差异	8				
	材料成本差异	9				
	定额变动差异	10				
生产费用合计	定额成本	11				
	脱离定额差异	12				
	材料成本差异	13				
	定额变动差异	14				
脱离定额差异分配率		15				—
本月完工产品成本	定额成本	16				
	脱离定额差异	17				
	材料成本差异	18				
	定额变动差异	19				
	实际成本	20				
月末在产品成本	定额成本	21				
	脱离定额差异	22				
	材料成本差异	23				
	定额变动差异	24				
	实际成本	25				

实训答案

表 2-7-3　产品成本明细账

产品名称:甲产品　　　　　　产量:160 件　　　　　　　　　　　　　元

项　目		行次	直接材料	直接人工	制造费用	合　计
月初在产品成本	定额成本	1	648	200	225	1 073
	脱离定额差异	2	−20	10	12	2
	材料成本差异	3				
	定额变动差异	4				
月初在产品定额成本调整	定额成本调整	5	−48			−48
	定额变动差异	6	48			48
本月生产费用	定额成本	7	4 500	3 100	3 487.5	11 087.5
	脱离定额差异	8	50	16	34	100
	材料成本差异	9	−91			−91
	定额变动差异	10				
生产费用合计	定额成本	11	5 100	3 300	3 712.5	12 112.5
	脱离定额差异	12	30	26	48	102
	材料成本差异	13	−91*			−91
	定额变动差异	14	48			48
脱离定额差异分配率		15		0.6%	0.8%	1.2%
本月完工产品成本	定额成本	16	4 800	3 200	3 600	11 600
	脱离定额差异	17	28.8	25.6	43.2	97.6
	材料成本差异	18	−91			−91
	定额变动差异	19	48			48
	实际成本	20	4 785.8	3 225.6	3 643.2	11 654.6
月末在产品成本	定额成本	21	300	100	112.5	512.5
	脱离定额差异	22	1.2	0.4	2.8	4.4
	材料成本差异	23				
	定额变动差异	24				
	实际成本	25	301.2	100.4	115.3	516.9

注:* (4 500+50)×(−2%)=−91

参考文献

[1] 罗彬.成本会计学[M].北京:现代教育出版社,2011.

[2] 吴丽新.新编成本会计实训[M].第4版.大连:大连理工大学出版社,2009.

[3] 夏利华,乔铁松.成本会计项目化教程[M].北京:冶金工业出版社,2010.

[4] 财政部.企业会计准则[M].北京:中国财政经济出版社,2006.

[5] 财政部.企业会计准则——应用指南[M].北京:中国财政经济出版社,2006.